Wolfgang Förster

2000 JAHRE WOHNEN IN WIEN

2000 YEARS OF HOUSING IN VIENNA

Vom keltischen Oppidum bis
zum Wohnquartier der Zukunft.
Wohnen als Sozialgeschichte

From the Celtic Oppidum to the
Residential Area of the Future:
Housing as Social History

1 Salvatore Settis, *If Venice dies*, London 2016, S. 6 (Übersetzung durch den Autor).

„Jede Stadt ist das Ergebnis einer enormen Zahl von Entscheidungen, die in einer großen Zeitspanne gemacht wurden, Entscheidungen, die an jeder Weggabelung anders getroffen worden sein könnten. So beinhaltet jede Stadt eine Anzahl an Städten: die Stadt, die sie einst war ebenso wie all die anderen Städte, die sie gewesen sein könnte, doch niemals wurde."[1]

1 Salvatore Settis, *If Venice dies* (London, 2016), p. 6 (translated by the author).

"Every city is the result of an enormous number of choices made over a great span of time, choices that could have been made differently at every fork in the road. Thus, each city contains a number of cities within it: the city it once was, as well as all the other cities it could have been, and yet never became."[1]

Salvatore Settis

7

Die Idee zu diesem Buch entstand an einem ungewöhnlichen Ort. Ich befand mich an Bord eines Busses von Washington DC nach New York City. Eben hatte der Bus den chaotischen Greyhound-Busbahnhof – gleich neben der pompösen, den römischen Caracalla-Thermen nachempfundenen Union Station – verlassen und wir durchfuhren die ärmlichen Wohnviertel im Nordosten der Hauptstadt; Block auf Block heruntergekommene oder ausgebrannte Häuser, auf den Straßen Autowracks und Müll, auf den schmalen Gehsteigen fast ausschließlich arme Afroamerikaner. Für einen europäischen Beobachter besonders irritierend war die Tatsache, dass sich diese berüchtigten „No-go"-Gebiete in wenigen Minuten Gehentfernung vom Kapitol, dem Machtzentrum des reichsten Staats der Erde, befinden. Ich begann zu überlegen: Was sagt es über eine Gesellschaft aus, wenn sie solche Gegensätze akzeptiert?

Natürlich findet man dergleichen nicht nur in Washington. Tatsächlich hatte ich ähnliche Überlegungen bereits in vielen anderen Städten gehabt: Kapstadt, Rio de Janeiro, Kairo, Delhi, Peking, um nur einige zu nennen, aber auch gewisse Gebiete von London, Paris, Brüssel. Immer wieder stellte sich die Frage: Was besagen diese Zustände über eine Gesellschaft? Oder mehr noch: Lässt sich Wohnen als Beschreibung einer urbanen Gesellschaft an einem bestimmten Ort zu einer bestimmten Zeit heranziehen? Liefert es mehr Informationen zur Entwicklung einer städtischen Gesellschaft als die übliche Auflistung von Herrschern und Schlachten?

Es war naheliegend, eine solche Untersuchung zunächst in jener Stadt zu unternehmen, die mir am besten bekannt ist: meiner Heimatstadt Wien. Tatsächlich liefert Wien dazu reichlich Anschauungsmaterial. Seit mehr als 2.000 Jahren (fast) durchgängig bewohnt, zeigt es alle Formen der städtischen Entwicklung – von der – archäologisch gut erforschten – keltisch-illyrischen Besiedlung über die römische Militär- und Zivilstadt, die mittelalterliche Stadt an der Grenze des Heiligen Römischen Reichs, die prächtig ausgebaute barocke Residenzstadt mit ihren Vorstädten und Vororten, die schnell wachsende Industriestadt des 19. Jahrhunderts mit ihren wachsenden sozialräumlichen Gegensätzen, das „Rote Wien" des frühen 20. Jahrhunderts mit seinem international beachteten sozialen Wohnbau, das Wien unter zwei faschistischen Regimen, das Nachkriegs-Wien mit seinem Programm eines sozialen Städtebaus bis hin zu den wohnungspolitischen Innovationen der Gegenwart und zur Suche nach dem Wohnen von morgen.

Wolfgang Förster

The idea for this book was born in an unusual place. I was sitting on a bus from Washington, DC, to New York City. The bus had just left the chaotic Greyhound station next to the pompous Union Station, which imitates the Roman Baths of Caracalla, and we crossed the poor neighborhoods in the northeast of the nation's capital: block after block of dilapidated or burned houses, wrecked cars, and trash in the streets, on the narrow sidewalks only low-income African-Americans to be seen. For a European observer, it is most irritating that these notorious "no-go" areas are just a few minutes' walk away from Capitol Hill, the center of power of the wealthiest nation on earth. I started to reflect: What does this say about a society that accepts such harsh contrasts?

Of course, this is not unique to Washington. Indeed, such reflections had crossed my mind in other places as well: Cape Town, Rio de Janeiro, Cairo, New Delhi, Beijing, to name just a few, but also in certain areas of London, Paris, and Brussels. Again and again, the same question arose: What do such circumstances tell us about a society? Or rather: Can housing be used to describe an urban society in a particular place during a specific period? Does it deliver more information about the development of an urban society than the usual list of rulers and battles?

It seemed obvious to start such an investigation in the city I know best: my hometown of Vienna. Indeed, Vienna delivers rich illustrative material. Having been inhabited (almost) continuously for over 2,000 years, it displays all forms of urban development, spanning from the Illyrian-Celtic settlements, well explored by archaeology, to today, including the Roman military and civilian town, the medieval town at the borders of the Holy Roman Empire, the splendidly constructed baroque imperial capital with its suburbs and surrounding settlements, the rapidly growing industrial city of the nineteenth century with its increasing sociospatial contrasts, early twentieth-century "Red Vienna" with its internationally acknowledged social housing, Vienna under two fascist regimes, postwar Vienna with its program of social city planning, today's innovations in housing policies, and the search for the housing of tomorrow.

Wolfgang Förster

Leben im keltischen Oppidum

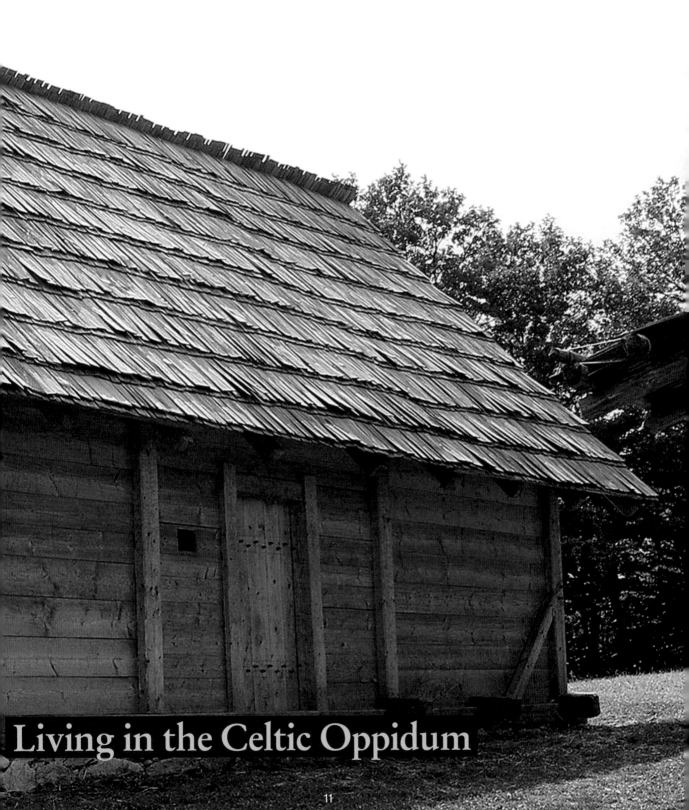

Living in the Celtic Oppidum

Luxusgüter überqueren die Donau in beiden Richtungen. Vindobona wird multikulturell.

1   Kalchhauser, Wolfgang: *Geheimnisvoller Wienerwald. Auf den Spuren ur- und frühgeschichtlicher Menschen*, Wien 1998.

2   Siehe dazu v. a.: Neugebauer, J. W.: *Die Kelten im Osten Österreichs*, Wien 1982, sowie: Dobesch, Gerhard: *Das Keltentum des Donauraums und der Ostalpen in vorrömischer Zeit*, Venedig 1991; weiters: *Die Kelten in Österreich nach den ältesten Berichten der Antike*, Ausst.-Kat., Hallein 1980.

3   Benannt nach der Keltensiedlung Hallstatt im Salzkammergut, in deren Salzbergwerk bis zu 6.000 Menschen arbeiteten.

4   Keltische Oppida verfügten über eigene städtische Währungen; nur für den überregionalen Handel wurden allgemein akzeptierte Goldmünzen verwendet.

Vorherige Seite:
Rekonstruktion eines Keltenhauses im Keltenmuseum Schwarzenbach in Niederösterreich. Ähnliche Häuser wurden im Oppidum Vindobona gefunden. Der Bau erfolgte ausschließlich mit den bei der Ausgrabung gefundenen Originalwerkzeugen nachempfundenen Werkzeugen. Foto: Gemeinde Schwarzenbach
Previous page:
Reconstruction of a Celtic house in the Celtic Museum at Schwarzenbach in Lower Austria. Similar houses were found in the Oppidum of Vindobona. The construction was only executed with tools that copied the original tools found at the excavation. Photo: Town of Schwarzenbach

Zunächst hatten im **Neolithikum** die fisch- und wildreichen Donauauen erste Siedlergruppen angezogen.[1] Mit zunehmender Kultur zogen diese von den anfänglichen Behausungen in Höhlen des Wienerwaldes in Holzhütten, die bevorzugt auf leichten Anhöhen errichtet wurden. Die ältesten archäologischen Funde lassen eine Besiedlung vor 5.000 Jahren erkennen.

In der **Bronzezeit** sesshaft geworden, wurden diese illyrischen Stämme sukzessive von Viehzüchtern zu Handwerkern und Händlern. Große, aufwändig ausgestattete Hügelgräber lassen eine sozial differenzierte Gesellschaft mit einer wohlhabenden Herrscherkaste vermuten. Ein solcher noch später erkennbarer Grabhügel könnte dem Stadtteil Erdberg im heutigen 3. Bezirk zu seinem (mittelalterlichen) Namen verholfen haben. Auch sind gleichzeitige kulturelle Einflüsse östlicher steppennomadischer Völker nachweisbar.

Im 6. vorchristlichen Jahrhundert, während der **Eisenzeit**, ließen sich im ostösterreichischen Raum zahlreiche Stämme nieder, die aufgrund ihrer einheitlichen Kultur unter dem Begriff **Kelten** zusammengefasst wurden. Die **Hallstattkultur** verband römisch-etruskische Einflüsse mit Elementen östlicher Steppenkulturen.[2] Die Hallstattkultur[3] markiert den Übergang von der Bronze- zur Eisenzeit.

Größere Siedlungen entstanden schließlich im ersten vorchristlichen Jahrhundert unter den keltischen **Boiern**; deren Hauptansiedlung lag zwar im Bereich des heutigen Bratislava, wo die uralte Handelsroute der Bernsteinstraße die Donau querte und dem Handel von Luxusgütern in beiden Richtungen diente.[4] Keltische Siedlungen (**Oppida**) befanden sich aber auch auf dem Leopoldsberg und dem Bisamberg, eine weitere größere Siedlung, in der eine wohlhabende Schicht wohnte, im Bereich der heutigen Rasumofskygasse – möglicherweise schon unter dem Namen **Vindobona** („weißes Dorf" oder „weißer Fluss") – und des Rochusmarktes im heutigen 3. Wiener Gemeindebezirk. Letztere war, wie jüngste Funde belegen, später sowohl von Kelten als auch von Römern bewohnt. Später gerieten die Boier in den Einflussbereich des keltischen Königsreichs Noricum, das um 200 v. Chr. durch den Zusammenschluss von 13 Stämmen entstand. Die Hauptstadt des 15 v. Chr. von den Römern annektierten Noricum, Virunum, lag auf dem Kärntner Zollfeld. Jedenfalls: Als die Römer im 2. Jahrhundert bis an die Donau vorstießen, trafen sie hier auf eine hochentwickelte Zivilisation von illyrisch- und keltischstämmigen Handwerkern und Händlern, die sie rasch vereinnahmten und romanisierten. Vindobona war von Anfang an multikulturell.

Luxury goods cross the Danube in both directions. Vindobona becomes multicultural.

In the **Neolithic period**, the Danube wetlands with their abundance of fish and game had attracted the first groups of settlers.[1] With rising civilization, these groups moved from the caves in the Vienna Woods to the wooden huts that they erected on low hills. The oldest archeological findings date the first settlements at 5,000 years ago.

Having settled permanently during the **Bronze Age**, these Illyrian tribes changed step by step from cattle breeders to craftsmen. Large, extravagantly designed hill graves indicate a socially diversified society with a wealthy ruling class. One of these hills, still recognizable in medieval times, could be at the origins of the name Erdberg (Earth Hill) in today's 3rd district of Vienna. Also, simultaneous cultural influences by nomadic peoples from the eastern steppes can be traced.

During the **Iron Age** in the sixth century BC, numerous tribes settled in the eastern parts of today's Austria. Due to their uniform culture, they were subsumed as Celts. The **Hallstatt culture**[2] connected Roman–Etruscan influences with elements from Eastern steppe cultures.[3] The Hallstatt culture marks the transition from the Bronze Age to the Iron Age.

Larger settlements date back to the first century BC under the Celtic **Boii** tribe. Although their main settlement was situated in the area of today's Bratislava, where the ancient trade route of the Amber Road crossed the Danube, serving the trade[4] with luxury goods in both directions, such Celtic settlements (**oppida**) also existed on the hills of Leopoldsberg and Bisamberg. A much larger settlement, inhabited by an affluent group of residents, existed in the area of today's Rasumofskygasse and Rochusmarkt in Vienna's 3rd district—possibly already under the name of **Vindobona** ("white river" or "white village"). The latter, as recent findings have proven, was later simultaneously inhabited by Celts and Romans. Even later, the Boii lived in the reach of influence of the Celtic kingdom of Noricum, which was created by the reunion of thirteen tribes around 200 BC. The capital of Noricum, Virunum, was situated on the Zollfeld plain in Carinthia. In any case, when the Romans reached the Danube in the second century AD, they met a highly developed civilization of Illyrian and Celtic craftsmen and traders, whom they quickly assimilated and Romanized. Thus, Vindobona was multicultural from its very beginnings.

Celtic houses were little more than simple wooden huts, also because the slopes of the Vienna Woods offered a lot of timber. Excavations of Celtic settlements in Lower Austria[5] show a clear pattern: the cities surrounded by

1   Wolfgang Kalchhauser, *Geheimnisvoller Wienerwald: Auf den Spuren ur- und frühgeschichtlicher Menschen* (Vienna, 1998).

2   Named after the Celtic settlement in the Austrian Salzkammergut, where up to 6,000 people worked in the salt mine.

3   See J. W. Neugebauer, *Die Kelten im Osten Österreichs* (Vienna, 1982) and Gerhard Dobesch, *Das Keltentum des Donauraums und der Ostalpen in vorrömischer Zeit* (Venice, 1991); in addition: *Die Kelten in Österreich nach den ältesten Berichten der Antike*, exh. cat. (Hallein, 1980).

4   Celtic oppida had their own urban currency systems; only for transregional trade were the generally accepted gold coins used.

5   See, for example, the Celtic village in Schwarzenbach in the Bucklige Welt region, southeast of Vienna.

5   Einen guten Eindruck zum
    Leben der Kelten im ostöster-
    reichischen Raum bietet das
    Museumsdorf in Schwarzen-
    bach in der Buckligen Welt
    südöstlich von Wien.

6   Eines der größten Oppida,
    jenes von Manching in Süd-
    deutschland, hatte mehr als
    10.000 Einwohner.

7   Siehe zu den Kelten im
    süddeutschen Raum v. a.:
    Demandt, Alexander:
    Die Kelten, 7. Auflage,
    München 2007.

Die keltischen Wohnstätten waren wenig mehr als einfache Holz-hütten, zumal die Abhänge des Wienerwaldes genügend Holz boten.[5] Aus-grabungen keltischer Städte in Niederösterreich lassen ein klares Muster erkennen: Die von bis zu 10 Meter hohen Wällen umgebenen Städte mit jeweils bis zu mehreren tausend Bewohnern[6] waren erstaunlich dicht besie-delt, wobei Adelige, Handwerker und Bauern eng nebeneinander wohnten. Handwerklich hoch entwickelt waren die Boier vor allem in der Bronze- und Eisenbearbeitung, woraus sich ein reger Handel mit dem Römischen Reich entwickelte.[7] Die meisten Häuser wurden in Riegelbauweise aus Eichenholz auf Steinfundamenten errichtet und unterschieden sich sozial nur durch die Anzahl der Räume. Durch den Übergang von einer Agrar- zu einer Industrie-gesellschaft – eine verblüffende Parallele zur Industrialisierung im 19. Jahr-hundert – verzichtete man auf Autarkie und machte die Oppida bei Bela-gerungen verwundbarer.

<u>Vorherige Seite:</u>
Der keltische Gürtelhaken zeigt
die hohe Qualität der Metall-
verarbeitung in den keltischen
Städten des Ostalpenraums.
Foto: Naturhistorisches
Museum Wien
<u>Previous page:</u>
The Celtic belt hook shows the
high quality of metal work in
the Celtic towns of the Eastern
Alpine region. Photo: Natural
History Museum Vienna

earth walls up to 10 meters high were surprisingly densely built on, each with up to several thousand residents,[6] with aristocracy, craftsmen, and farmers living closely together. Boiian crafts were particularly highly developed in bronze and iron works, which led to flourishing trade with the Roman Empire.[7] Most houses were constructed with timber frames on stone foundations, social differences expressed only by the number of rooms. Through the transition from an agrarian to an industrial society—a surprising parallel to the Industrial Revolution during the nineteenth century—the oppida renounced autarky, which made them more vulnerable in the event of sieges.

6   One of the biggest oppida, the one in Manching in southern Germany, had over 10,000 inhabitants.

7   On the Celts in southern Germany, see in particular: Alexander Demandt, *Die Kelten*, 7th ed. (Munich, 2007).

II

Vindobona: Römisches Castrum und Zivilstadt

Vindobona: Roman Castrum and Civilian Town

Ein gewaltiger Erdrutsch riss einen Teil des Castrums in die Tiefe. Wie viele Menschen dabei ums Leben kamen, wissen wir nicht. Doch war das Ende Vindobonas nahe.

1   Sachslehner, Johannes: *Wien. Geschichte einer Stadt*, Wien 2006, S. 25.

2   Kronberger, Michaela: *Vindobona. Das römische Wien* (Hg. Wien-Museum), Wien 2014.

3   Harl, Ortolf: *Vindobona. Das römische Wien*, Wien 1979, sowie: Neumann, Alfred: *Vindobona. Die römische Vergangenheit Wiens*, Wien 1972 und Pohanka, Reinhard: *Das römische Wien*, Wien 1997. Teile der Lagervorstadt sind heute an den Ausgrabungen auf dem Michaelerplatz erkennbar.

4   Sachslehner, a. a. O., S. 27 ff.

Die Lage des Militärlagers **Vindobona** – den Namen übernahmen die Römer vermutlich von der keltischen Siedlung[1] – war strategisch hervorragend. Natürliche Gewässer – Donau, Ottakringer Bach, Wienfluss – schützten die Ebene auf der Stadtterrasse. Geologisch sah es anders aus. Der Erdrutsch im 3. Jahrhundert – heute noch erkennbar am Niveausprung unterhalb der Ruprechtskirche, steht ebenso wie ein späteres Erdbeben und eine große Überschwemmung als Fanal für die Verletzlichkeit des Militärlagers Vindobona am Steilufer der Donau – genauer: des damaligen Hauptarms der Donau, dem in etwa der heutige Donaukanal entspricht. Vindobona selbst war wie der gesamte **Limes**, Grenze des Römischen Reichs, nachdem sich der Plan einer nördlich der Donau gelegenen Provinz Marcomannia zerschlagen hatte. Diese Grenze galt es nun mit einer Kette von Militärlagern zu schützen, die sich von Lentia (Linz) über Vindobona, Carnuntum, Brigetio (heute Komarom) und Aquincum (Budapest) stromabwärts erstreckte. Parallel dazu verlief die befestigte **Limesstraße**, im Stadtbild Wiens heute am Verlauf des Rennwegs erkennbar. Das Lager nahm eine Fläche von 22,5 ha (ca. 450 × 500 m) ein und beherbergte am Höhepunkt ca. 6.000 Menschen.[2]

Vindobona war aber nicht nur das Castrum. Südlich des Militärlagers – etwa vom heutigen Graben bis zum Heldenplatz reichend[3] – hatte sich eine **Lagervorstadt** entwickelt, in der zunächst hauptsächlich die Familien der Legionäre lebten, die wie die Legionäre selbst aus allen Teilen des riesigen Imperiums stammten, doch lebten dort neben den Italienern, Nordafrikanern und Kleinasiaten auch Kelten und in zunehmendem Maße auch Germanen, die als Handwerker für das Lager arbeiteten. Manche von ihnen hatten von den Römern Asyl gewährt bekommen, nachdem sie wegen Kollaboration mit den Römern in ihren Stammesgebieten nördlich der Donau in Schwierigkeiten geraten waren. In religiöser Hinsicht herrschte Toleranz. Entsprechend multikulturell kann man sich dieses Vindobona mit seinen 8.000 bis 12.000 Einwohnern vorstellen. Die Lagervorstadt unterstand der Militärverwaltung im Castrum.

Ein „drittes Vindobona" in Form der auf ihrem Höhepunkt etwa 20.000 Einwohner zählenden und sich selbst verwaltenden **Zivilstadt** entstand östlich des Castrums auf dem Weg nach Carnuntum – etwa im Bereich des späteren Aspangbahnhofs im heutigen 3. Wiener Gemeindebezirk. Auch die Zivilstadt war zunehmend kulturell und sozial durchmischt und beherbergte neben den „**Romanes**" – Römer und Kelten, die ab der Erhebung der Stadt zum **Municipium** unter Kaiser Caracalla im Jahr 212[4] römisches Bürgerrecht besaßen – immer mehr Germanen, die als Händler oder Handwerker über die

Vorherige Seite:
Rekonstruktion einer Häuserzeile im römischen Castrum Vindobona. Foto: M. Klein/ 7Reasons GmbH 2004
Previous page:
Reconstruction of houses in the Roman castrum of Vindobona. Photo: M. Klein/7Reasons GmbH 2004

A huge landslide makes a part of the castrum collapse. It is not known how many people die. But the end of Vindobona is near.

The location of the military camp (castrum) of **Vindobona**—a name probably taken from the Celtic settlement[1]—was strategically excellent: natural waters (the Danube, the Ottakring Creek, the Wien River) protected the surface of about 400 by 500 meters, or 55.5 acres, but geologically this was a different story. The landslide in the third century AD—today still recognizable as the difference in levels below St. Rupert's Church—may be seen as a warning sign for the vulnerability of the military camp at the steep slope to the Danube, or precisely: the main branch of the Danube at the time, which corresponds more or less to today's Danube Canal. Vindobona was—as part of the **Limes**—the border of the Roman Empire after the plan of a province of Marcomannia north of the Danube had been given up. This border now had to be protected by a chain of military camps which extended from Lentia (today's Linz) via Vindobona, Carnuntum, Brigetio (Komárom) to Aquincum (today's Budapest). Parallel to these camps, the **Limes Road** was built, to be followed today in the area of Vienna along Rennweg Street. The size of the camp was 22.5 hectares (ca. 450 × 500 meters), and it housed approx. 6,000 people at its peak.[2]

But Vindobona was not only the castrum. South of the military camp—roughly between today's Graben Street and Heldenplatz[3]—a **civilian settlement** (canabae legionis) had developed where originally the legionnaires' families lived, who, like the soldiers themselves, came from all parts of the huge empire. But more and more Celtic and Germanic people—some after receiving asylum, as they had come into difficulties with their tribes after collaborating with the Romans—now lived in the settlement, besides the Italians, North Africans, and Asians. Vindobona was therefore strongly multicultural with its population of 8,000 to 12,000 citizens. Also, in religious terms, tolerance was (still) common. The civilian settlement was under the military administration in the castrum.

And there was a "third Vindobona." At its peak, this **civilian town** with about 20,000 inhabitants east of the castrum on the way to the Carnuntum—in the area of the later Aspang Railway Station in the 3rd district of Vienna—had a cultural and social mix of Celtic and Germanic people, with the latter having come across the Danube as merchants or craftsmen. When Caracalla declared Vindobona a **municipium** in the year 212,[4] the **Romanes**—Roman and Celtic free inhabitants—received full Roman citizenship. Since the reign of Caracalla, legionaries were also allowed to marry their non-Roman companions. In term of religion, tolerance (still) prevailed; the Mithras cult, for example, which originated in Persia, was very widespread.

1   Johannes Sachslehner, *Wien: Geschichte einer Stadt* (Vienna, 2006), p. 25.

2   Michaela Kronberger, *Vindobona: Das römische Wien* (Vienna, 2014).

3   Ortolf Harl, *Vindobona: Das römische Wien* (Vienna, 1979); Alfred Neumann, *Vindobona: Die römische Vergangenheit Wiens* (Vienna, 1972) and Reinhard Pohanka, *Das römische Wien* (Vienna, 1997). Parts of the civilian settlement can be identified in the excavations on Michaelerplatz today.

4   Sachslehner, *Wien: Geschichte einer Stadt*, pp. 27ff.

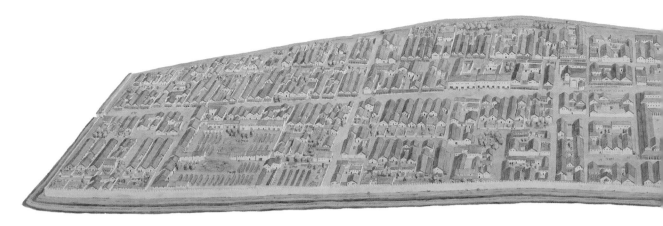

Die römische Zivilstadt auf dem
Gebiet des heutigen dritten Bezirks.
Foto: M. Mosser/Wien Museum
The Roman civilian town in the area
of today's third district.
Photo: M. Mosser/Wien Museum

Rekonstruktion eines römischen
Lagertors. Foto: M. Klein/
7Reasons GmbH, 2004
Reconstruction of a Roman gate.
Photo: M. Klein/7Reasons
GmbH, 2004

Hypocaustenheizung der
Tribunenhäuser im heutigen
Römermusem (Hoher Markt).
Foto: MVD Austria
Hypocaust heating of tribunes
houses in today's Roman Museum
(Hoher Markt). Photo:
MVD Austria

Donau gekommen waren. Seit Caracalla durften Legionäre auch ihre nichtrömischen Lebensgefährtinnen heiraten. Auch in religiöser Hinsicht herrschte (noch) Toleranz; stark verbreitet war etwa der aus Persien stammende Mithraskult.

Doch wurde Vindobona zunehmend an Bedeutung und Größe vom nahen Carnuntum, der Hauptstadt Oberpannoniens übertroffen.

Wie wohnte man in Vindobona?

Für das Castrum ist diese Frage am leichtesten zu beantworten, da römische Militärlager nach einem einheitlichen Plan errichtet wurden. So durchschnitten zwei 9 m breite Hauptstraßen (**Via Principalis** und **Via Decumana**, in etwa dem Verlauf der heutigen Wipplingerstraße bzw. Tuchlauben entsprechend) das Lager und verbanden jeweils zwei gegenüberliegende Tore, die 30 m (!) hohe Türme aufwiesen. Beide Straßen sind im Verlauf von heutigen Straßenzügen noch deutlich erkennbar: An den befestigten Hauptstraßen lagen die wichtigsten Verwaltungsgebäude: **Principia** (Kommandogebäude) und **Praetorium** (der prächtig ausgestattete Legatenpalast), das Krankenhaus (Valetudinarium) und die Wohnhäuser des Lagerkommandanten und seines Stellvertreters. Diese „**Tribunenhäuser**"[5] entsprachen in Größe und Ausstattung mit eigenen Badebereichen durchaus luxuriösen Villen, wie man sie aus anderen Teilen des Römischen Reichs kennt. Eines dieser Häuser – die Reste befinden sich heute im Römermuseum unter dem Hohen Markt – hatte nicht weniger als 3.500 m² Grundfläche, angeordnet um zwei große Innenhöfe. Weitere 5 Tribunenhäuser hatten je etwa 2.100 m² Grundfläche. Alle Hauptgebäude waren aus Stein und zweigeschoßig. Die Kasernen der Legionäre lagen in regelmäßigen Wohnblocks (**Insulae**), wobei sich jeweils 8 Mann eine Wohnfläche von ca. 25–40 m² teilten. Jeweils 80–100 Mann bildeten eine Zenturie, deren Kommandanten (centuriones) eine größere Wohnung zur Verfügung stand. Im Bereich der heutigen Freyung befand sich darüber hinaus ein 4 ha großes Reiterkastell der Ala I Britannica. Alle Wohnbauten verfügten über Frischwasser aus dem Wienerwald, Abwasserkanäle und die typische **Hypocaustenheizung**. Mit diesem genialen Heizsystem wurde ein Standard erreicht, wie ihn erst das 20. Jahrhundert wieder kannte: eine Verbindung aus Fußboden- und Wandheizung, deren Feuerstelle (praefurnium) in einem Nebenraum untergebracht war. Die Offiziershäuser verfügten über eigene Baderäume, den einfachen Soldaten standen die **Thermen** (im Bereich der heutigen Marc-Aurel-Straße) zur Verfügung. Die Thermen waren billig, weil sie vom Staat finanziert wurden; sie beherbergten auch Sporträume und eine Bibliothek. Dass auch das Krankenhaus – im Gegensatz zur Stadt des Mittelalters – innerstädtisch positioniert war, zeigt den vergleichsweise hohen Hygienestandard der römischen Stadt.

Außerdem gab es öffentliche Latrinen. Da hier mehrere Aborte in einem Raum standen, entwickelten sich diese zu Orten der Kommunikation;

5   Wien Museum (Hg.): *Die Tribunenhäuser von Vindobona*, Wien 2014.

Therefore, Vindobona was also culturally strongly mixed, although Carnuntum as the capital of Upper Pannonia was bigger and more influential.

What was housing like in Vindobona?

This is easy to answer for the castrum itself, as Roman military camps were built to a uniform plan. Two main streets divided the camp: **Via Principalis** (roughly the course of today's Wipplingerstraße) and **Via Decumana** (today's Tuchlauben). They were lined by the main public buildings: **principia** (the army command), **praetorium** (the luxurious commander's palace), valetudinarium (hospital), and the houses of the commander of the camp and his deputy. These "**tribune houses**"[5] followed in size and standard those of the luxurious villas known from other parts of the Roman Empire. They had their own baths. One of these houses, the remains of which are part of today's Roman Museum under the Hoher Markt square, had no less than 3,500 m2 of floor space arranged around two big courtyards, while five others had around 2,100 m² each. All main buildings were made of stone and had two floors. The soldiers' barracks were situated in regular blocks (**insulae**) where eight men shared a space of about 25–40 m². Eighty to one hundred men each formed a "century" headed by a centurion, who had a larger apartment. All houses had fresh water pipes, sewage, and the typical **hypocaust heating**. With this ingenious heating system, a standard was achieved that was not known again until the twentieth century: a combination of underfloor and wall heating, its fireplace (praefurnium) housed in an adjacent room. It seems that it was comparatively clean. In their leisure time, the soldiers enjoyed **thermal baths**—the baths being cheap as they were paid for by the state—as well as gyms and a library. The fact that the hospital—in contrast to the medieval city—was also located in the city centre shows the comparatively high standard of hygiene in the Roman city.

There were also public latrines. Since several lavatories were situated in one room, these spaces turned into sites of communication and, hence, the "latrine rumor" was born. The paved roads had lateral, slightly sloping drainage channels. So it must have been relatively clean. For recreational purposes, the legionaries had at their disposal, among other things, thermal baths, a theater (in the area of today's 9th district of Vienna), and inns and brothels in the civilian settlement.

The **residential buildings in both the civilian settlement and the civilian town** were functionally mixed as in all Roman provincial towns. Items produced or stored in the backyard buildings were sold in the front stores along the covered walkways. The owners lived above the store, while workers and slaves slept in the low buildings adjoining the storage rooms and stables. Thus, the type of **craftsman's house** was invented which still characterized the medieval city and, in a few cases, can still be found in suburban areas. The inhabitants of the civilian town also enjoyed **thermal baths** and a **theater** (on the Arsenal terrace).

5   Wien Museum, ed., *Die Tribunenhäuser von Vindobona* (Vienna, 2014).

es entstand das „Latrinengerücht". Die befestigten Straßen hatten seitlich verlaufende, leicht abfallende Entwässerungskanäle. Es dürfte also relativ sauber gewesen sein. Zur Freizeitgestaltung standen den Legionären u. a. Thermen, ein Theater (im Bereich des heutigen 9. Wiener Gemeindebezirks) sowie Gasthäuser und Bordelle in der Lagervorstadt zur Verfügung.

Die **Wohngebäude in der Lagervorstadt und der Zivilstadt** waren wie in allen römischen Provinzstädten funktional durchmischt. Was im hinteren Grundstücksbereich erzeugt oder gelagert wurde, gelangte straßenseitig an den überdachten Gehsteigen zum Verkauf. Die Eigentümer wohnten straßenseitig über dem Geschäft, Arbeiter und Sklaven hofseitig in ebenerdigen Bauten neben den Arbeitsräumen und Ställen. Auch diese Wohnbauten hatten Wasserleitung, Latrinen und Heizung. Damit war der Typus des multifunktionalen **Handwerkerhauses** geschaffen, der noch das mittelalterliche Wien prägen sollte und sich sogar vereinzelt bis heute in den Randbezirken findet. Den Bewohnern der Zivilstadt standen ebenfalls **Thermen** und ein **Theater** (auf der Arsenalterrasse) zur Verfügung.

Der Erdrutsch des 3. Jahrhunderts brachte noch nicht das Ende Vindobonas; es folgten um 350 ein Erdbeben und ein schweres Hochwasser. Zwar musste das Castrum nun nordseitig etwas verkleinert werden, und die politischen Verhältnisse an anderen Grenzen des Reiches machten den schrittweisen Abzug von Legionären notwendig. Endgültig aufgegeben wurden die Militärlager am Donaulimes erst im 5. Jahrhundert, freilich zu einem hohen Preis: Die Heerscharen der eindringenden Völker stießen immer weiter nach Süden vor, bis Langobarden und Ostgoten ihre Hauptstädte auf italienischem Boden errichten konnten. Vermutlich hielt sich in den Resten des Lagers einige Zeit hindurch ein kleiner langobardischer Fürstensitz.[6]

6   Sachslehner, a. a. O., S. 46 ff.

Die militärisch nur schlecht geschützte Zivilstadt konnte sich so nicht länger halten. Die verbliebenen Einwohner, immer noch ein buntes Völkergemisch, kehrten entweder zur Landwirtschaft zurück – einzelne Gehöfte sind für die Umgebung Wiens (etwa in Unterlaa) nachweisbar – oder siedelten sich in den Resten des leerstehenden Castrums mit seinen immer noch bis zu 10 m hohen Mauern an. Im nordöstlichen Teil des Castrums überlebte – einer allerdings umstrittenen Theorie zufolge – eine Siedlung im sogenannten „**Berghof**" (im Innenbereich des heutigen Blockes Hoher Markt-Mark Aurel-Straße-Sterngasse-Judengasse) bis ins Mittelalter. Entscheidend für das wirtschaftliche Überleben einer Siedlung war wohl weiterhin die Lage am Schnittpunkt der Donau mit den nordsüdverlaufenden Handelswegen.

The third-century landslide did not mean the end of Vindobona, it was followed by an earthquake and a disastrous flood around 350. The castrum had to be slightly reduced in the northern part, while more and more soldiers had to be transferred to other borders of the vast empire. The final closure of the camp did not take place until the fifth century, although at a high price: the foreign peoples invading proceeded further to the south until the Langobards and Ostrogoths erected their capitals on Italian soil.[6]

The unprotected civilian town could no longer be held. The remaining inhabitants, still an ethnic mix, either returned to agriculture—a few farm buildings have been found in the surroundings of Vienna, like in Unterlaa—or settled in the remnants of the former castrum which still had walls 10 meters high. Probably a small Langobard princely residence existed in the castrum for some time. In its northeastern part (roughly the core of today's block between Hoher Markt–Marc-Aurel-Straße–Sterngasse–Judengasse), according to a controversial theory, a settlement called **Berghof** survived until the Middle Ages. That a settlement could survive at all is to be attributed to its location at the crossroads of the Danube and the south–north trade routes.

6   Sachslehner, *Wien: Geschichte einer Stadt*, pp. 46ff.

Gedrängtes Zusammenleben hinter mittelalterlichen Mauern

Dense Cohabitation
within Medieval Walls

Am 12. März 1421 brannten wieder einmal die Scheiterhaufen auf der Gänseweide (heute Weißgerberlände im 3. Bezirk). Vor einer großen Zuschauermenge wurden mehr als 200 Juden – Männer, Frauen und Kinder – verbrannt.

Die Hingerichteten hatten es verweigert, umgehend dem von Herzog Albrecht V. erlassenen Befehl zum Verlassen der Stadt und zur Taufe nachzukommen. Was genau den Herzog bewogen hatte, die **Judengemeinde**[1] (im heutigen Bereich zwischen Judenplatz und Platz am Hof) aufzulösen, ist nicht gänzlich geklärt, zumal der Herzog damit auf die beträchtlichen Einnahmen aus der Judenabgabe verzichtete. Zu vermuten ist, dass er damit nicht nur Forderungen der theologischen Fakultät nachkommen wollte, die die Juden der Unterstützung der Hussiten bezichtigte, sondern schlicht und einfach auch das immer drängendere **Wohnungsproblem** in der mittelalterlichen Stadt „lösen" wollte. (Die Nazis taten das später auf ihre Weise).

Die Wohnverhältnisse waren tatsächlich eng geworden. Wien zählte im 15. Jahrhundert als nach Köln zweitgrößte Stadt im Heiligen Römischen Reich rund 20.000 Einwohner. Freilich hatten Europas größte Städte, Paris und Venedig, schon über 100.000 Einwohner, die damals vermutlich größte Stadt der Welt, Peking, sogar mit über einer Million gleich viele wie das antike Rom auf seinem Höhepunkt. Doch das Siedlungsgebiet Wiens war selbst nach der bedeutenden **Stadterweiterung** aus dem für Richard Löwenherz von England erpressten Lösegeld von 10 Tonnen Silber unter Leopold V. im Jahr 1192 nicht größer als der heutige erste Bezirk, der aktuell rund 16.000 Einwohner zählt. Immerhin lagen nun Kärntnerstraße, Stephansdom und Schottenkloster innerhalb der Stadtmauern. Die Enge des Zusammenlebens führte zusammen mit den unterschiedlichen Rechten verschiedener Einwohnergruppen immer wieder zu sozialen Spannungen, die sich in Straßenkämpfen äußerten.

Gleichzeitig nahm der Glanz der babenbergischen Residenzstadt zu. Insbesondere die Heirat Herzog Heinrichs II. Jasomirgott mit der byzantinischen Kaisernichte Theodora Komemna im Jahr 1148 hatte enormes Vermögen nach Wien – das in zeitgenössischen Urkunden mit dem griechischen Namen **Windopolis** auftaucht, gebracht und den Ausbau der Stadt – möglicherweise sogar den Bau des Stephansdoms – ermöglicht.[2] Eine weitere byzantinische Heirat, Leopolds VI., versetzte die Stadt 1204 in einen ähnlichen Byzanz-Taumel. Die sozialen Unterschiede waren freilich weiterhin beträchtlich. Wahlberechtigt waren nur die hausbesitzenden Bürger, während die sogenannten „**Inwohner**" keinerlei politische Rechte besaßen.[3] Die

1   Siehe u. a.: Lohrmann, Klaus: *Judenrecht und Judenpolitik im mittelalterlichen Österreich*, Wien 1990.

2   Heher, Dominik: „Seide, Gold und Kaisertöchter", in: Daim, Falko/Heher, Dominik: *Byzanz und der Westen. 1.000 vergessene Jahre*, Wien 2018, S. 66 ff.

3   Siehe u. a.: Opll, Ferdinand: *Leben im mittelalterlichen Wien*, Wien 1998, sowie Pohanka, Reinhard: *Wien im Mittelalter*, Wien 1998.

Vorherige Seite:
Wien im frühen Mittelalter von der Donau aus gesehen. Aus: Kisch, Wilhelm: *Die alten Strassen und Plaetze Wien's und ihre historisch interessanten Haeuser*, Wien, Gottlieb, 1883.
Previous page:
Vienna in early medieval times, as seen from the Danube. From: Wilhelm Kisch, *Die alten Strassen und Plaetze Wien's und ihre historisch interessanten Haeuser* (Vienna: Gottlieb, 1883).

On March 12, 1421, people are once again burned at the stake on Gänseweide (today's Weißgärberlände in the 3rd district of Vienna). In front of a large audience, more than 200 Jews—men, women, and children—are set on fire.

The executed had refused to immediately follow the eviction order issued by Duke Albrecht V and and to get baptized. What exactly had moved the duke to dissolve the **Jewish community**[1] is not entirely clear, as he thus had to go without the big revenues from the tax paid by Jews. Presumably, he not only wanted to follow demands by the theological faculty, which accused the Jews of supporting the Hussites, but also wanted to "solve" the increasing **housing crisis** in the medieval city (something the Nazis later did in their own way).

Indeed, the housing situation had become very dense. In the fifteenth century, Vienna had about 20,000 inhabitants, making it the second largest city in the Holy Roman Empire (after Cologne with 40,000). Of course, Europe's biggest cities, Paris and Venice, each had more than 100,000, while the world's presumably largest city, Beijing, had over a million—roughly the same size as the city of Rome in antiquity at its very peak. But the size of the settlement still covered only the area of today's first district with its 16,000 residents, even after the considerable city **enlargement** under Leopold V in 1192, which had been financed from the ransom paid by England for the release of King Richard the Lionheart. At least St. Stephen's Cathedral, the Scot's Monastery, and Kärntnerstrasse were located within the city walls now. The residential density, together with the differentiation of rights of the various groups of residents, increased social tension, which often culminated in street fights.

At the same time, the splendor of the Babenberg residential city grew, in particular after the marriage of Duke Henry II, called Jasomirgott, to Theodora Komemna, the niece of the Byzantine Emperor, in 1148, which brought enormous wealth to Vienna. It was even called **Windopolis** in Greek in the documents of the time. The marriage enabled further construction in the residential city, possibly even the erection of St. Stephen's Cathedral.[2] A second Byzantine marriage, that of Duke Leopold VI in 1204, sparked in the city a similar enthusiasm for Byzantium. Social differences were still enormous, though. Only those citizens owning a house had the right to vote, while the so-called *Inwohner* (inhabitants) had no political rights at all.[3] Most craftsmen, strongly regulated by their guilds, belonged to this group. There were frequent uprisings of the craftsmen's apprentices, which were brutally

1   See, for instance, Klaus Lohrmann, *Judenrecht und Judenpolitik im mittelalterlichen Österreich* (Vienna, 1990).

2   Dominik Heher, "Seide, Gold und Kaisertöchter," in *Byzanz und der Westen: 1.000 vergessene Jahre,* ed. Falko Daim Falko and Dominik Heher, exh. cat. (Vienna, 2018), pp. 66ff.

3   See, among others, Ferdinand Opll, *Leben im mittelalterlichen Wien* (Vienna, 1998) and Reinhard Pohanka, *Wien im Mittelalter* (Vienna, 1998).

meisten Handwerker, von ihren Zünften stark reguliert, gehörten zu dieser Gruppe. Wiederholt kam es zu Gesellenaufständen, die meist blutig niedergeschlagen wurden – im Gegensatz zu den Juden wurden die Anführer mitten in der Stadt enthauptet oder geviertteilt – und zu Kämpfen mit den im Universitätsviertel lebenden und vermeintlich privilegierten Studenten. Universitätsviertel, Judengemeinde und Hof unterstanden auch nicht der regulären Stadtverwaltung und Gerichtsbarkeit.

Als Folge des Platzmangels baute man immer höher. Die charakteristischen **Wohntürme** des Mittelalters waren jedoch auch auf die Sicherheitsprobleme und wohl auch auf ein Repräsentationsbedürfnis der reichen Familien zurückzuführen. In Wien haben sich zwei von ihnen erhalten, beide im ehemaligen Griechenviertel: der gotische Wohnturm beim „Griechenbeisl", der von einem „vermögenden ritterlichen Bürger"[4] erbaut wurde, sowie jener hinter dem Haus Hafnersteig 6.

Die Existenz eines eigenen **Griechenviertels** verweist auf die übliche Ansiedlung ausländischer Kaufleute in eigenen Quartieren der mittelalterlichen Städte hin. Wiens levantinische Zuwanderer lebten schon seit dem 13. Jahrhundert im Stadtteil nördlich des Fleischmarkts, wo es auch zwei orthodoxe Kirchen gab. Erst im 19. Jahrhundert holte der einflussreiche bosnische Bankier Baron Simon von Sina den Architekten Theophil Hansen von Athen nach Wien, um eine repräsentative Kirche für die griechische Gemeinde zu errichten.[5]

Entsprechend unterschiedlich waren auch die Wohnverhältnisse. Begüterte Bürger – meist Händler – verfügten über repräsentative Häuser. Ein Beispiel ist das **Haus Tuchlauben 19**, das dem reichen Händler Michel Menschein gehörte und dessen 15 Meter langer Tanzsaal um 1400 mit einem Bilderzyklus nach Gedichten des Minnesängers Neidhart von Reuental geschmückt war.[6] Solche repräsentativen Bürgerhäuser dienten nicht nur den eigenen Wohnbedürfnissen, sondern mussten fallweise auch der Beherbergung von Gästen des Hofs dienen, was in den „**Hofquartierbüchern**" vermerkt wurde. Unselbstständige Handwerker wohnten dagegen in der Regel in dunklen Hinterhofräumen, oft auch in notdürftig adaptierten Kellerräumen. Die Armen freilich wohnten überhaupt nicht in der Stadt, wo das Leben aufgrund der an den Stadttoren eingehobenen Verzehrsteuer spürbar teurer war als in den Vororten. Ein erstes Obdachlosenasyl, das „**Pilgrimhaus**", wurde von einer privaten Wohltäterin 1403 in der Annagasse eröffnet. Auch Kranke und Alte wurden meist aus der Stadt ausgeschlossen. Die vor den Mauern gelegenen „**Siechenhäuser**" waren nach heutigen Begriffen eine Kombination aus Obdachlosenasyl, Krankenhaus (Gründung des Heiligengeistspitals am Südufer des Wienflusses 1208, des Spitals St. Lazarus in St. Marx 1267), Altersheim und Arbeitshaus. Betrieben wurden sie meist von Orden. Die Vororte waren allerdings zum Großteil ungeschützt und den kriegerischen Auseinandersetzungen etwa während der Ungarn- und Hussitenkriege ausgeliefert – eine Ausnahme bildete die befestigte Vorstadt Wieden (heute der

4   Quelle: https://de.wikipedia.org/wiki/Griechenbeisl, 2019.

5   Förster, Wolfgang: *Theophil Hansen. Ein Stararchitekt und seine Wohnhäuser an der Wiener Ringstraße*, Wien 2013.

6   Höhle, Eva-Maria: *Die Neidhart-Fresken*, (Hg. Wien Museum), Wien 1979, S. 17 ff.

suppressed. Unlike the Jews, their leaders were decapitated or quartered right in the city. There were also frequent street fights between craftsmen and the students who lived in the university area and were thought to be privileged. The university area, the court, and the Jewish community were outside the realm of regular municipal administration and jurisdiction.

As a result of the lack of space, buildings became higher and higher. However, the characteristic **residential towers** of the Middle Ages were also due to security problems and probably also to a need for representation of the rich families. Two of them have been preserved in Vienna, both in the former Greek quarter—the Gothic residential tower at the "Griechenbeisl" (Greeks' inn), built by a "wealthy knightly citizen,"[4] and the one behind the house at Hafnersteig 6.

The existence of a separate **Greek quarter** refers to the usual settlement of foreign merchants in separate quarters of medieval towns. Vienna's Levantine immigrants had already been living in the district north of the Fleischmarkt since the thirteenth century, where there were also two orthodox churches. It was not until the nineteenth century that the influential Bosnian banker Baron Simon von Sina brought the architect Theophil Hansen from Athens to Vienna to build a representative church for the Greek community.[5]

Housing standards were equally different. Affluent burghers—mostly merchants—owned representative houses. For example, the **building at Tuchlauben 19**, owned by the wealthy merchant Michel Menschein, had a 15-meter-long banquet hall decorated with frescoes after poems by the minnesinger Neidhart von Reuental.[6] Such prestigious town houses not only served the needs of their owners but also occasionally had to be offered to accommodate guests of the Court, and this was registered in the *Hofquartierbücher* (Court Quarter Books). Craftsmen who were not self-employed lived mostly in dark backyard buildings or in poorly adapted basement rooms. The poorest, however, did not live in the city at all, as life there was considerably more expensive due to the *Verzehrsteuer* (consumption tax) collected at the city gates. A first homeless shelter, the *Pilgrimhaus*, was opened by a private benefactress in Annagasse in 1403. The sick and the old were also excluded from the city. The *Siechenhäuser* (infirmaries) outside the city walls were in today's terms a combination of asylum, hospital (founding of Heiligengeistspital south of the Wien River in 1208, and of St. Lazarus hospital in St. Marx in 1267), home for the eldery, and work house. However, the suburbs were unprotected in times of war, such as during the Hungarian and the Hussite Wars—with the only exception of the fortified suburb of Wieden (today's 4th and 5th districts), and they were repeatedly destroyed until the Thirty Years' War. This became a bigger problem during the Turkish Wars from the sixteenth century onward and led to even more migration to the already densely populated city.

But even for affluent citizens, life in the medieval city was not necessarily comfortable. Drinking water was taken from **private wells**, which

4 Source: https://de.wikipedia.org/wiki/Griechenbeisl (2019).

5 Wolfgang Förster, *Theophil Hansen: Ein Stararchitekt und seine Wohnhäuser an der Wiener Ringstraße* (Vienna, 2013).

6 Eva-Maria Höhle, *Die Neidhart-Fresken* (Vienna, 1979), pp. 17ff.

4. und 5. Wiener Gemeindebezirk) –, sodass sie bis hin zum Dreißigjährigen Krieg öfter zerstört wurden. Im Zuge der Türkenkriege wurde das ab dem 16. Jahrhundert zu einem größeren Problem und führte zu einem weiteren Zustrom in die ohnehin schon dichtest bevölkerte Stadt.

Doch auch für begüterte Bürger war das Leben in der mittelalterlichen Stadt nicht unbedingt angenehm. Wasserleitungen waren unbekannt; das Trinkwasser wurde **Hausbrunnen** entnommen, die oft direkt und ungenügend abgedichtet neben Senkgruben lagen. Auch Kanalisation war nicht vorhanden. Erst im Jahr 1333 wurde ein Verbot erlassen, Fäkalien und tote Tiere auf die Straße zu werfen. Dass es bei solchen Zuständen – Diplomaten aus dem Osmanischen Reich klagten noch im 17. Jahrhundert über den unerträglichen Gestank der Stadt und jenen ihrer herrschaftlichen Verhandlungspartner und baten dringend um ihre Versetzung – wiederholt zu **Seuchen** kam, ist nicht verwunderlich. Doch konnte man auch dafür Schuldige finden: neben dem allgemeinen moralischen Verfall wieder die Juden.

Stadtplan 1529, Kupferstich nach N. Visscher, um 1685.
City map in 1529, copper engraving after N. Vissche around 1685.

34

were often situated next to cesspools without appropriate insulation. It was not until 1333 that a decree was issued which forbade the disposal of feces and of dead animals in the streets. As late as the seventeenth century, diplomats from the Ottoman Empire complained about the unbearably bad smell of the city and of their noble counterparts, and urgently asked for relocation. It is not surprising that these circumstances frequently led to **epidemics**. But it was easy to find those to blame: apart from a general moral decline, it was again the Jews …

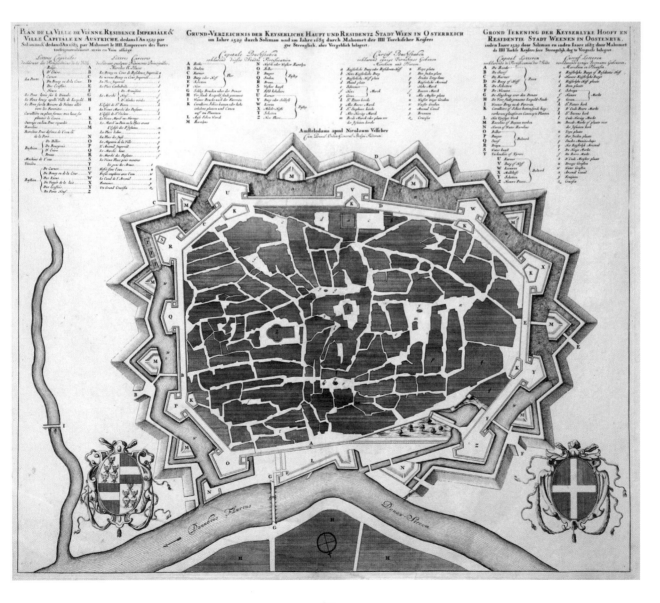

Glanz und Elend in der barocken Residenzstadt

Grandness and Misery
in the Baroque Imperial Capital

Wolfgang Amadeus Mozart bezieht eine luxuriöse Wohnung hinter dem Stephansdom. Obdachlose und Straßenkinder schlafen vor den Palais der prächtigen Residenzstadt.

Das Ende der Gefahr nach den Schrecknissen des Dreißigjährigen Krieges und der Türkenkriege ermöglichte den Ausbau Wiens zur **glanzvollen Metropole des Heiligen Römischen Reichs**. Die sozialen Unterschiede waren enorm. Nicht alle Bürger konnten sich wie die Mozarts eine Luxuswohnung leisten. Arme und verlassene Kinder – durchaus vergleichbar mit heutigen Großstädten der Dritten Welt – lebten schutzlos und hungrig auf den Straßen – unter ihnen auch einige Zeit hindurch ein anderes Genie, der mittellos nach Wien gekommene junge Joseph Haydn.

Immer noch war die Enge der Stadt mit ihren miserablen hygienischen Verhältnissen ein Ärgernis. Zwar konnten nun auch die Vorstädte wiederaufgebaut und einigermaßen gefahrlos bewohnt werden, doch drängten sich innerhalb der mittelalterlichen Stadtmauern nun an die 100.000 Einwohner. Immer mehr Platz benötigten zudem die prächtigen Adelspalais und Klöster. Letztere boten erstmals auch Mietwohnungen an.

Mit dem Bau der das Herrscherhaus verherrlichenden **Karlskirche** ab 1716 als Dank für das Ende der **Pest** durch Karl VI wurde auch das Signal zum **Ausbau der Vorstädte** gegeben. Dem Bau der Kirche folgten die repräsentativen Sommerpaläste der Hocharistokratie; die bestehenden **Ortskerne** wurden durch Bürger- und Handwerkerhäuser ergänzt. Auch kulturell blühten die Vorstädte auf. So wie Wiens Protestanten während der Gegenreformation sonntags zu ihren Gottesdiensten außerhalb der Stadt „ausliefen", pilgerte das Bürgertum zunehmend in die Theater der Vorstädte wie Emanuel Schikaneders später legendäres Freihaustheater auf der Wieden.

Wohnhäuser wurden nun – erstmals nach den mittelalterlichen „**Urbaren**", den Grundbüchern der Klöster, systematisch erfasst. Die im Zuge der **Verwaltungsreformen unter Maria Theresia** 1770 eingeführten „**Konskriptionsnummern**" – bis heute in vielen Wiener Häusern ergänzend zu den modernen Hausnummern angebracht, dienten zunächst der erleichterten Rekrutenaushebung.

Wieder einmal wurde das Wohnungsproblem durch die Vertreibung der jüdischen Bevölkerung „gelöst". Hatte sich schon Maria Theresia durch starken Antisemitismus ausgezeichnet, so befahl Kaiser Leopold 1670 die **Auflösung des Judenviertels Im Werd**. Nach der Zerstörung der Synagoge und dem Bau der Leopoldkirche an ihrer Stelle wurde die Vorstadt zur Leopoldstadt – bis heute der Name des 2. Wiener Gemeindebezirks.

Vorherige Seite:
Bernardo Bellotto (Canaletto):
Die Freyung in Wien 1758.
Foto: Kunsthistorisches
Museum Wien
Previous page:
Bernardo Bellotto (Canaletto):
the Freyung Square in 1758.
Photo: Kunsthistorisches
Museum Wien

Wolfgang Amadeus Mozart moves into a luxurious apartment behind St. Stephen's Cathedral. The homeless and street kids sleep in front of the palaces of the marvelous residence city.

The end of the horrors of the Thirty Years' War and of the Turkish Wars made it possible to turn Vienna into the **shining metropolis of the Holy Roman Empire**. Still, not all citizens could afford a luxury accommodation like the Mozarts. The social differences were enormous. Like in today's third-world megacities, poor and neglected children lived in the streets unprotected and hungry—living among them, for a time, was another genius, young Joseph Haydn, who had come to Vienna without any means.

The density of the city with its miserable hygienic conditions was still a nuisance. Although the outlying areas could now be reconstructed, some 100,000 inhabitants were squeezed together within the medieval city walls. Also, the pompous aristocratic palaces and the monasteries needed more and more space, the latter now offering rental flats as well.

With the construction of **St. Charles's Church**, glorifying the ruling dynasty, from 1716 as a sign of gratitude for the end of the **plague epidemic** by Charles VI, the signal was also given **to expand the suburbs**. The construction of the church was followed by the summer palaces of the high nobility, and the existing town centers were complemented by middle-class and craftsmen's houses. These outlying areas also experienced a cultural upswing. Similar to the protestants' *Auslaufen* (outings) to their suburban Sunday services during the Counterreformation, the citizens now started to visit the theaters in the suburbs, such as Emanuel Schikaneder's legendary Freihaustheater at the Wieden (today's 4th district of Vienna).

For the first time since the medieval "**urbares**," the cadastral books of the monasteries, houses were now systematically registered. As a part of administrative reforms under **Maria Theresia**, "**conscription numbers**" were introduced in 1770 to facilitate the recruiting of soldiers—the numbers are still visible on many buildings, along with the modern street numbers.

Once again, the housing problem was "solved" by evicting the Jewish population. Even though Maria Theresia had already been strongly anti-Semitic, Leopold I ordered **the closure of the Jewish community of Im Werd** (part of today's 2nd district). After replacing the demolished synagogue with the Leopold Church, the suburb became Leopoldstadt (Leopold City), which has remained the name of the 2nd district down to the present day.

Nächste Seite:
Der Melkerhof (Schottengasse) um 1720. Aus: Kisch, Wilhelm: *Die alten Strassen und Plaetze Wien's und ihre historisch interessanten Haeuser*. Wien, Gottlieb, 1883.
Next page:
Melker Hof Estate (Schottengasse) around 1720. From: Wilhelm Kisch, *Die alten Strassen und Plaetze Wien's und ihre historisch interessanten Haeuser* (Vienna: Gottlieb, 1883).

Schon Maria Theresia hatte angesichts der Wohnungsknappheit die Klöster aufgefordert, in ihren großen innerstädtischen Gebäuden Mietwohnungen einzurichten. Es entstanden Wohnhauskomplexe wie der **Melker Hof** in der Schottengasse. Dieses große Ensemble geht auf mehrere schon seit dem Mittelalter im Besitz des Stiftes Melk befindliche Häuser zurück, die nun zu einem Gebäude mit 80 Wohnungen zusammengefasst wurden. Nach der Zweiten Türkenbelagerung (1683) erfolgte ein weiterer Ausbau durch den Baumeister Josef Gerl. Mit seinen Höfen wurde es zum Vorbild für viele Wohnbauten des 18. und 19. Jahrhunderts und sogar noch des Roten Wien im 20. Jahrhundert.

Die Klosteraufhebungen Josefs des Zweiten boten nun auch die Möglichkeit, die den Klöstern gehörenden Gärten in der Stadt und in den Vorstädten in Bauland umzuwidmen. Wohnbauten wie das **Bürgerspitalszinshaus** folgten. Eines der größten Wiener Wohnquartiere war das „**Freihaus**" **südwestlich der Karlskirche** auf der Wieden (heute 4. Bezirk). Es bildete seit 1670 fast ein eigenständiges (klein-)bürgerliches Stadtviertel – es hatte Steuerhoheit und eine eigene Gerichtsbarkeit – das sich sozial und baulich deutlich von den Arbeiterwohnhäusern entlang des Wienflusses abhob. Konsequenterweise erfolgte später die administrative Trennung von (bürgerlichem) 4. Bezirk und proletarischem 5. Bezirk. Dass Mozarts *Zauberflöte* just am Freihaustheater uraufgeführt und zum durchschlagenden Erfolg wurde, zeigt, wie sehr Wien bereits mit seinen Vorstädten zusammengewachsen war – jedenfalls sozial und kulturell, wenn auch noch lange nicht physisch.

Mozart musste übrigens seine Wohnung in der Schulerstraße nach zwei Jahren verlassen, da er sich die beträchtliche Miete nicht mehr leisten konnte, ein häufiges Schicksal im damaligen Wien. Doch auch seine Sterbewohnung in der Rauhensteingasse war mit 145 m² noch vergleichsweise luxuriös.[1]

Im Jahr 1700 hatte Wien einschließlich der Vorstädte etwa 100.000 Einwohner, bei der von Maria Theresia im Jahr 1754 angeordneten Volkszählung 175.000 (davon 120.000 in den Vorstädten). Das spätere starke Wachstum durch die Zuwanderung während des Industriezeitalters kündigte sich damit schon an, aber auch die dringende Notwendigkeit einer Erweiterung der dicht bewohnten Stadt. Diese sollte freilich noch 100 Jahre auf sich warten lassen.

1   Mozarts Tod in angeblich bitterer Armut ist wohl eher eine Legende aus dem 19. Jahrhundert, das sich das Schicksal eines derart unangepassten Genies nicht anders vorstellen konnte als mit einem Ende im Elend. Die Monatsmiete für die Wohnung in der Domgasse betrug übrigens 38 Gulden, beinahe das damalige durchschnittliche Jahreseinkommen (!). Mozarts Jahreseinkünfte lagen bei etwa 10.000 Gulden, nach heutigem Wert etwa eine Viertelmillion Euro. (Quelle: Haus der Musik, Wien 2019.)

Facing the housing crisis, Maria Theresia had already asked the monasteries to offer rental flats in their inner-city buildings. This resulted in large housing estates like the **Melker Hof** on Schottengasse. This large ensemble goes back to several buildings which had been owned by the Melk Monastery since medieval times and which were now merged to create one building with eighty apartments. After the second Turkish Siege of Vienna (1683), it was further extended by the builder Josef Gerl. With its courtyards, the development became a model for many housing estates of the eighteenth and nineteenth centuries, and even for the twentieth century's Red Vienna.

Josef II's closure of monasteries now also provided the opportunity to change the zoning of their vast green areas in the suburbs to building land. Large housing estates, such as the **Bürgerspitalszinshaus**, followed. One of the largest Vienna housing areas was the **Freihaus** southwest of St. Charles's Church (today in the 4th district). Since 1670, it almost created its own middle-class urban area—it had its own tax system and its own jurisdiction—completely differing socially and structurally from the workers' housing along the Wien River. As a consequence, the two areas were separated administratively in later years: into the middle-class 4th district and the proletarian 5th district. That Mozart's *The Magic Flute* was first performed at the Freihaus Theater and became a huge success there proves how strongly Vienna had already grown together with its outlying areas—at least in social and cultural terms, if not yet physically.

Mozart, by the way, had to leave his Schulerstrasse apartment after two years because he could no longer afford the considerable rent—a frequent fate in Vienna at that time. His last apartment, however, on Rauhensteingasse, with its 145 m², was still comparatively luxurious.[1]

In 1700, Vienna had about 100,000 inhabitants, including the suburbs, and in the census ordered by Maria Theresa in 1754, the population was 175,000 (of which 120,000 lived in the suburbs). This heralded the strong growth experienced later during the industrial age due to immigration, but also the urgent need for an expansion of the densely populated city. Admittedly, this was to take another 100 years.

1 Mozart's reputed death in extreme poverty is thus more of a nineteenth-century legend, which could not have imagined the fate of such a nonconformist genius any other way than an end in misery. The monthly rent for the Domgasse apartment was 38 guilders, almost the average annual (!) income at that time, while Mozart's annual income amounted to 10,000 guilders, about a quarter of a million euros at today's value (source: Haus der Musik, Vienna, 2019).

V

Wohnen im Vormärz: Rückzug ins Private

Housing in the Early Nineteenth Century: Retreat to Privacy

„Zu ebener Erd und im ersten Stock" nannte der geniale Gesellschaftskritiker Johann Nestroy eines seiner volkstümlichen Stücke. Im Metternichschen Polizeistaat entstand auch eine neue bürgerliche Wohnkultur.

„In Österreich und in den deutschen Staaten war die Zeit nach 1815, die der Aufklärung, der Französischen Revolution und Napoleons Herrschaft folgte, von wirtschaftlichem und gesellschaftlichem Umbruch geprägt. Mit der Rückkehr des Wohlstands, der bei der aristokratischen Elite ab ungefähr 1820 und danach beim emporstrebenden Bürgertum Einzug hielt, entwickelte sich eine neue Kultur der Häuslichkeit. Die geschützte häusliche Umgebung wurde als Ort des Rückzugs gesehen, in der persönliche Interessen und gesellschaftlicher Umgang gepflegt werden konnten. Der Wohnraum avancierte zum zentralen Ort des harmonischen Privat- und Familienlebens, zu einem Ort, der – im räumlichen, ästhetischen, formalen und funktionalen Sinn – mit dem Komfort, der Sicherheit und der Ungezwungenheit der häuslichen Umgebung assoziiert wurde."[1]

Die neoabsolutistische Ordnung nach dem Wiener Kongress hatte auch Auswirkungen auf die Stadtentwicklung. Immer mehr wurden die bürgerlichen **Vorstädte** zum Ort der kulturellen Entwicklung. So wie in der Reformationszeit die Protestanten sonntags nach Hernals „ausgelaufen" waren, um dem Druck des Katholizismus in der Stadt zu entgehen, pilgerte nun das kulturinteressierte Bürgertum in die progressiveren Vorstadttheater. Wie paranoid das Regime war, zeigt die Auseinandersetzung um die Planung des Volksgartens (1823): Kein englischer Landschaftsgarten sollte er sein, sondern mit langen geraden Wegen die „Observation" erleichtern.

Als Fluchtort diente auch die Natur; der Wienerwald wurde „entdeckt"; Künstler wie Waldmüller oder Schubert folgten einer geradezu obsessiven Naturbegeisterung. Um der allgegenwärtigen Bespitzelung zu entgehen, zog man sich auch mehr und mehr in die eigene Wohnung zurück. Erste **Salons** entstanden. Das mittlere Bürgertum wohnte nun mehrheitlich zur Miete.

Da es keinerlei Mieterschutz gab und Kündigungen jederzeit und ohne Angabe von Gründen erfolgen konnten, waren **häufige Wohnungswechsel** die Folge. Legendär sind die angeblich 67 Umzüge Ludwig van Beethovens, doch war das durchaus üblich. Ärmere mussten aufgrund von Mietrückständen noch öfter umsiedeln, und wenn der Kutscher vor der neuen Bleibe ihr spärliches Gepäck („Bagage"[2]) auf die Straße warf, blieb dieser Ausdruck an ihnen haften. Da Mitteleuropa noch immer unter der „**kleinen Eiszeit**" litt, konnten sich Arme oft die Heizkosten nicht leisten.

1   Stein, Laurie A.: „Eine Kultur der Harmonie und Erinnerung. Die Transformation des Wohnens im Biedermeier" in: Ottomeyer, Hans/Schröder, Klaus Albrecht: *Biedermeier. Die Entdeckung der Einfachheit*, Ausst.-Kat., Milwaukee/Wien/Berlin 2007.

2   Bis heute ist „Bagage" in Wien als Schimpfwort gebräuchlich.

Vorherige Seite:
Der politisch erzwungene Rückzug in die eigenen vier Wände führte zu einer neuen bürgerlichen Wohnkultur.
Foto: Wikimedia Commons
Previous page:
The politically encouraged withdrawal to the private home led to a new middle-class housing culture. Photo: Wikimedia Commons

"Zu ebener Erd und im ersten Stock" (On the Ground Level and on the First Floor) is how Johann Nestroy, the ingenious social critic, titled one of his popular plays. In the Metternich police state, a new bourgeois living culture develops.

"In Austria and in the German states, the period after 1815, which followed the Enlightenment, the French Revolution, and Napoleon's reign, was marked by an economic and societal break. With the return of prosperity, which reached the aristocratic elite from around 1820, and after that the aspiring middle-class, a new culture of domesticity developed. The protected domestic environment was seen as a place of retreat where personal interests and societal contacts could be cared for. The home became the central location of a harmonious private and family life, a place which—in a spatial, aesthetic, formal, and functional sense—could be associated with the security and informality of the domestic environment."[1]

The Neoabsolutist order after the Vienna Congress also influenced urban development. The middle-class suburbs increasingly became a place of cultural development. Similar to the "outings" during the era of the Reformation by Protestants who had escaped to Hernals suburb on Sundays to flee Catholicism in the city, the middle classes interested in culture left for the more progressive theaters in the suburbs now. The regime's degree of paranoia is demonstrated by the discussion about the plans for the Volksgarten Park (1823): instead of being an English-style landscaped park, it was to facilitate "observation" with its long, straight paths.

Also, nature served as a place of refuge: the Vienna Woods were "discovered," and artists like the painter Ferdinand Waldmüller and the composer Franz Schubert displayed an almost obsessive enthusiasm for nature. To escape the omnipresent spying, people were withdrawing to their own apartments. The first **private salons** were created. The middle classes now mostly lived in rental houses.

Since there was no tenant protection whatsoever, and lease termination could happen at any time and without giving reasons, **frequent changes of residence** were the consequence. Ludwig van Beethoven's presumably sixty-seven changes of address are legendary, but this was actually the rule. Poorer people had to move even more often because of rent arrears, and when the coachman threw their sparse luggage (French: *bagage*) onto the street in front of their new home, this expression stuck with them.[2] As Central Europe was still under the influence of the **Little Ice Age**, the poor often could not afford the heating costs.

1   Laurie A. Stein, "Eine Kultur der Harmonie und Erinnerung: Die Transformation des Wohnens im Biedermeier," in *Biedermeier: Die Entdeckung der Einfachheit*, ed. Hans Ottomeyer and Klaus Albrecht Schröder, exh. cat. (Milwaukee, Vienna, and Berlin, 2007). Translation by the author.

2   Still today, *bagage* is used as a derogatory term in Vienna.

Selbst die bürgerlichen Wohnungen „im ersten Stock" waren nun verhältnismäßig klein. Inneneinrichtungen mussten daher leichter und kleinteiliger sein als bisher. Wien wurde zum Zentrum einer neuen Wohnkultur; das **Biedermeier** entwickelte sich als bürgerliche Ausprägung des aristokratischen Klassizismus. Möbelproduzenten wie die 1804 gegründete **Danhauser**-Fabrik auf der Wieden waren bald weit über Österreichs Grenzen hinaus bekannt. Zu Danhausers bekanntesten Entwürfen zählten Schreibtische und Sekretärskästen mit raffinierten Geheimfächern – ein bezeichnendes Möbel in einer Zeit allgemeiner Unsicherheit. Revolutionär dagegen waren die Bugholzmöbel des aus Rheinland-Pfalz auf Einladung Metternichs zugewanderten Franz Anton **Thonet**. Sein Stuhl Nr. 14 wurde bis 1830 in mehreren Fabriken in rund 50 Millionen Exemplaren hergestellt – ein Schritt zur Massenproduktion des Industriezeitalters. Auch die Architektur der neuen Wohnhäuser – oft von den Stiften errichtet – folgte mit ihren flachen Fassadengliederungen der neuen Einfachheit. Die Bebauungsdichte freilich war hoch. Sozialräumlich stieg die **Segregation**: Adel und Großbürgertum lebten innerhalb der Stadt (dem heutigen 1. Bezirk), mittleres und Kleinbürgertum in den noch unabhängigen **Vorstädten** (heute die Bezirke 2 bis 9), Proletarier außerhalb des 1704 gegen die Türkengefahr errichteten Linienwalls in den **Vororten** (heute Bezirke 10 bis 23).

Im Oktober 1848, wenige Monate nach der bürgerlichen Revolution und der Abdankung Metternichs, kam es zum Fanal: In der „**Praterschlacht**" töteten berittene Polizisten dutzende demonstrierende Arbeiter, darunter viele Frauen und Kinder.

Postkarte des ehemaligen Freihaus mit dem alten Naschmarkt, Postkarte mit Motiv von František Mořic Nágl, 1914.
Postcard of the former "Freihaus" with the old Naschmarkt, featuring a motif by František Mořic Nágl, 1914.

Even the apartments "on the first floor" were now comparatively small. Furniture thus had to be lighter and smaller than before. Vienna developed into a center of a new housing culture, the **Biedermeier** style being the bourgeois form of aristocratic classicism. Furniture producers like the **Danhauser** factory at the Wieden soon became known outside of Austria. Danhauser's best known designs included desks and writing cabinets with refined secret compartments—a significant piece of furniture in a period of general insecurity. Franz Anton **Thonet**, on the other hand, who had immigrated from Rheinland-Pfalz upon Metternich's invitation, was revolutionary with his bentwood furniture. His Chair No. 14 was produced in several factories in about 50 million copies—a step toward the mass production of the industrial era. Also, residential architecture, often built by monasteries, followed this new simplicity with its flat façade structuring. Density, however, was high. Sociospatial **segregation** increased: the nobility and wealthy burghers lived in the inner city (today the 1st district), the middle classes in the still independent **suburbs** (today's 2nd to 9th districts), proletarians outside the *Linienwall* (Vienna's second ring of fortification), which had been built in 1704 against the Turkish threat (today's 10th to 23rd districts).

In October 1848, a few months after the bourgeois March Revolution, Vienna got a violent foretaste of a new era: during the so-called **Battle of the Prater** mounted police killed dozens of demonstrating men, women, and children.

VI

Wohnen in der Industriestadt:
Großbürgerhäuser und Arbeiterkasernen

Housing in the Industrial City: Patrician Houses and Working-Class Barracks

1873 stürzt sich der Direktor der Bank Epstein vom Dach des gleichnamigen Palais neben dem Parlament. In den Vorstädten kommt es zu Hungerrevolten. Der private Asylverein beherbergt im Jahr 1912 rund 97.000 Personen, darunter 7.000 Kinder. Als „Vienna Disease" wird Tuberkulose in internationalen Lehrbüchern der Medizin behandelt.

1   Das Original des Handschreibens wurde beim Brand des Justizpalasts im Juli 1927 vernichtet. Ein Abdruck findet sich in der *Wiener Zeitung* vom 25. Dezember 1857.

Vorherige Seite:
Der von Theophil Hansen 1861–1863 für den „Ziegelbaron" Heinrich von Drasche errichtete Heinrichhof gegenüber der Hofoper wurde als „schönstes Zinshaus der Welt" gerühmt. Aus: Lübke, Wilhelm/von Lützow, Carl (Hg.): *Denkmäler der Kunst zur Übersicht ihres Entwicklungsganges von den ersten Versuchen bis zu den Standpunkten der Gegenwart*, Ebner & Seubert, Stuttgart, 1879.
Previous page:
Heinrichhof, built by Theophil Jansen for the "brick baron" Heinrich von Drasche opposite the Court Opera house in 1861–1863, was praised as "the world's most beautiful tenement building." From: Wilhelm Lübke and Carl von Lützow, eds., *Denkmäler der Kunst zur Übersicht ihres Entwicklungsganges von den ersten Versuchen bis zu den Standpunkten der Gegenwart* (Stuttgart: Ebner & Seubert, 1879).

Der **Börsenkrach von 1873** platzte mitten in die ohnehin wirtschaftlich weitgehend erfolglose Weltausstellung und markiert das Ende der Hochgründerzeit mit ihren Finanz- und Grundstücksspekulationen.

Das gründerzeitliche Wien war nicht nur der Glanz des Ringstraßenkorsos und der großen Bälle, als das es sich bis heute (touristisch) präsentiert. Schon die Planungsgeschichte der **Ringstraße** offenbarte die tiefgehende soziale Spaltung der Stadt. Die „Praterschlacht" im Oktober 1848, ein Gemetzel der Polizei an demonstrierenden Arbeiterfamilien, hatte Hof, Adel und Bürgertum in ihrer Angst vor dem neu entstehenden Proletariat geeinigt und jahrzehntelang den städtebaulich längst notwendigen Abbruch der Stadtbefestigung verzögert. Ausgerechnet der Kaiser erwies sich hier als vorausschauend; in einem Handschreiben[1] an Innenminister Freiherr Alexander von Bach ordnete er 1857 „die Vereinigung Wiens mit seinen Vorstädten" an, de facto also die **Demolierung der Stadtmauern und die Bebauung des Glacis**. Durch die **Eingemeindung der Vorstädte** (der heutigen Bezirke 2 bis 9), aber auch durch weiteren Zuzug von Arbeitskräften aus den Kronländern – vor allem aus Böhmen – stieg die Bevölkerungszahl auf 471.000 im Jahr 1858 an. Wien wurde damit zur fünftgrößten Stadt der Welt. 1900 – nach der Eingemeindung der Vororte (1890) hatte die Stadt bereits 1,675.000 Einwohner – davon lediglich 636.000 in Wien geboren), 1910 erreichte sie ihren bisherigen Höchststand mit 2,063.000 Menschen, davon 50 % Zuwanderer.

Zum Symbol des neuen Reichtums wurde der Bau der Ringstraße mit ihren öffentlichen und privaten Repräsentationsbauten. Seltsam mutet die fast schizophrene Selbstwahrnehmung des (Groß-)Bürgertums an, das als „zweite Gesellschaft" längst zur ökonomisch tragenden Schicht der Monarchie geworden war: Tagsüber erfolgreiche Bankiers und Industrielle, traten sie bei Festumzügen und Kostümbällen als mittelalterliche Ritter auf; selbst Eisenbahn und Dampfschiff wurden als antike Gottheiten dargestellt. Die Bauten der Ringstraße kopierten konsequenterweise historische Stile.

In 1873, the director of the Epstein Bank jumps from the roof of the eponymous palace beside the parliament building. In the suburbs, hunger riots are evolving. The private asylum association accommodates about 97,000 persons in 1912, including 7,000 children. Tuberculosis starts being called "Vienna Disease" in international medical books.

The **1873, the stock exchange crash** coincided with the economically unsuccessful Expo, marking the end of the Gründerzeit period with its vast financial and real-estate speculation.

Nineteenth-century Vienna was not only the glory of the Ringstrasse procession and the great balls, as it is still viewed by tourists today. Already the planning history of **Ringstrasse** revealed a deep social disruption within the city. The October 1848 "Battle of the Prater," where police had massacred demonstrating working-class families, had unified the court, the aristocracy, and the bourgeoisie in their fear of the new proletariat, and it had delayed the demolition of the city fortification, which was necessary from an urbanistic point of view, for several decades. The Emperor, of all people, proved to be forward-looking. In a handwritten note[1] to the Minister of the Interior, Baron Alexander von Bach, he ordered "Vienna to be unified with its suburbs," which meant the **demolition of the city walls and construction on the "Glacis"** (the open flat area outside the walls). By **incorporating the suburbs** (today's 2nd to 9th districts) but also through further immigration of workers from the Crown Lands—especially from Bohemia—the number of residents increased to 471,000 in 1858. Thus, Vienna became the world's fifth-largest city. In 1910, it reached its peak to date with a population of 2,063,000, of which 50 percent were immigrants.

1   The original note was lost during the fire at the Palace of Justice in July 1927 but was printed in the newspaper *Wiener Zeitung* on December 25, 1957.

The construction of the Ringstrasse, with its public and private representative buildings, became the symbol of the new wealth. The almost schizophrenic self-awareness of the (upper) middle-class—which, as the "second society," had become the economically leading class of the monarchy—seems odd. Successful bankers and industrialists during the day, they disguised themselves as medieval knights for parades and for costume balls. Even the railways and steamboats were represented as ancient gods. Consequently, the new Ringstrasse buildings copied historical styles.

In social terms, the city was now divided more than ever before. Although **Karl Lueger,** the Christian Social mayor with right-wing populist

2   Siehe dazu v. a. Schorske,
     Carl E.: *Wien. Geist und
     Gesellschaft im Fin de Siècle*,
     München 1994.

3   Loos, Adolf: „Die Potemki-
     sche Stadt", Erstabdruck in
     Ver sacrum, Wien, Juli 1898.

4   Siehe dazu Förster,
     Wolfgang/Novy, Klaus:
     *Einfach bauen. Genossen-
     schaftliche Selbsthilfe nach
     der Jahrhundertwende. Zur
     Rekonstruktion der Wiener
     Siedlerbewegung*, Wien 1985,
     S. 11 ff.

5   Siehe Feldbauer, Peter:
     *Stadtwachstum und
     Wohnungsnot*, Wien 1977.

Sozial war die Stadt gespalten wie nie zuvor. Zwar agierte der 1895 gegen den heftigen Widerstand des Hofes gewählte christlich-soziale und rechtspopulistische **Bürgermeister Karl Lueger** kommunalpolitisch voraus-schauend, indem er während seiner 13 Jahre lang währenden Regierungs-zeit die Infrastruktur großzügig ausbauen und kommunalisieren ließ – die Sozialdemokraten des späteren Roten Wien errichteten dem vermeintlichen Vorläufer ihres Kommunalsozialismus später sogar ein großes Denkmal – und ein modernes Verkehrssystem schuf, doch blieb der Wohnbau für die enorm wachsende Stadt – wohl mit Rücksicht auf die ihn unterstützenden Hausbe-sitzer – komplett dem privaten Markt überlassen. Immerhin: Jährlich wurden nun mehr als 10.000 Wohnungen errichtet. Auch hier zeigte sich der schizo-phrene Charakter der Zeit[2]: Hunderte von „Palast"-Fassaden im Stil der Neo-renaissance verbargen das dahinterliegende Wohnungselend der hoffnungs-los überbelegten **Substandardwohnungen**. Der Architekt **Adolf Loos** sprach von einer „Potemkinschen Stadt"[3].

An ihrer Haltung zur Wohnungsfrage manifestierte sich die Ent-wicklung der österreichischen **Liberalen** von einer für diese Zeit fortschritt-lichen, bürgerliche Emanzipation versprechenden Gruppierung zu einem konservativen Faktor der Staatspolitik. Es gilt das Prinzip des Abschiebens aller gesellschaftlichen Probleme auf das Individuum. Armut und ihre Begleit-erscheinungen werden als Folge persönlicher Unfähigkeit gesehen. Immerhin konnte sich in diesem „Laisser-faire"-Umfeld eine **Wohnungsreformdebatte** entwickeln. In dieser spielte der Ökonom Eugen von Philippovich eine wich-tige Rolle, da selbst die „Hausherrenpartei" der Christlich-Sozialen um Karl Lueger sich stark an seinen Vorschlägen zur Bodenreform orientierte. Die Christlich-Sozialen sahen die Wohnungsreform als Mittel der sozialen Inte-gration des „unsittlichen" Proletariats.[4]

Das Wohnen der Proletarier wurde rigoros reglementiert. Zuwande-rern vom Land musste städtisches Wohnen durch Hausordnungen erst an-erzogen werden.[5] So diente das „Sperrsechserl", das dem Hausmeister für das Toröffnen spätabends zu zahlen war, auch der Kontrolle der Bewohner.

Selbst in den bürgerlichen Wohnstandards blieb Wien hinter der Entwicklung in anderen Großstädten zurück. Nicht einmal Ringstraßenwoh-nungen verfügten über Badezimmer, ganz zu schweigen von andernorts bereits üblichen Zentralheizungen oder Aufzügen. Da es keine Aufzüge gab, blieb die Wohnung im ersten Stock, der **Beletage**, bevorzugt und wurde straßenseitig durch architektonische Elemente und Balkone hervorgehoben.

Die Vororte (heute die Bezirke 10–23), die erst 1891 bzw. 1905 eingemeindet wurden, entwickelten sich zu **Arbeiterbezirken**, wobei Wohn-häuser oft nahe den Fabriken lagen. Hier war der Wohnstandard noch ge-ringer. Insgesamt hatten Anfang des 20. Jahrhunderts nur rund 3 % aller Wiener Wohnungen Wasseranschluss. Für diese Kleinstwohnungen wurden auch noch so hohe Mieten verlangt, dass Arbeiterfamilien nichts anderes

tendencies, who had been elected against the strong resistance of the Court in 1985, acted progressively during his thirteen-year reign in communal policies. He extended and **communalized the infrastructure**—the Social Democrats of later Red Vienna even erected a big monument to the supposed predecessor of their "communal socialism"—and he established a modern transport system. However, housing for the enormously growing city was completely left to the private market, probably due to the landlords who supported him. Still, more than 10,000 apartments were now built annually. Here, again, the schizophrenic character of the period[2] became obvious: hundreds of Neo-Renaissance palatial façades disguised the housing misery of the overcrowded, **substandard dwellings**. The architect **Adolf Loos** called it a "Potemkin city."[3]

The attitude of the Austrian **liberals** toward the housing question manifested their development from a progressive group, for the time promising bourgeois emancipation, to a conservative factor in national politics. The principle of shifting all social problems onto the individual applied here. Poverty and its accompanying circumstances were seen as a consequence of personal failure. Still, in this laisser-faire environment, a **Housing Reform Debate** could evolve. The economist Eugen von Philippovich played a leading role in it, as even the "landlords' party"—the Christian Democrats of Karl Lueger—followed his proposals for land reform. The Christian Democrats regarded the housing reform as a means of integrating the "immoral" proletariat.[4]

Housing of proletarians was also strongly regulated. Rural migrants first had to be taught urban living through house rules.[5] The *Sperrsechserl* (six kreuzers) to be paid to the caretaker for opening the main gate in the evening also served as a means of control of the residents.

Even with its middle-class housing standards, Vienna remained far behind the development of other big cities. Not even the Ringstrasse apartments had bathrooms, let alone central heating or elevators, all of which were already common in other cities. As there were no elevators, the apartment on the first floor above ground level, the **bel étage**, was more sought after and was accentuated by architectural elements and by balconies at the street front.

The outer suburbs (today's 10th to 23rd districts), which were incorporated as late as 1891 and 1905, developed into **working-class districts** with housing often near to the factories. Here, the housing standards were even lower; at the beginning of the twentieth century, only 3 percent of all apartments in Vienna had water pipes. But the rent for these tiny apartments was so high that working-class families had to accept subtenants or **bed lodgers**. This repeatedly led to epidemics—cholera had already raged across Europe in 1830, 1832, and 1849—and it also led to spreading tuberculosis. The average life expectancy of men in 1900 was just 40.6 years. Infant mortality was 10 out of 100 in the 1st district, but 40 out of 100 in the 10th district.[6] According to reports by the Municipal Health Office, often some twenty individuals lived in one room and up to fifty in a tiny apartment. But even this was surpassed

2 See Carl E. Schorske, *Wien: Geist und Gesellschaft im Fin de Siècle* (Munich, 1994).

3 See Adolf Loos, "Die Potemkinsche Stadt," first printed in *Ver sacrum* (Vienna, July 1898).

4 See Wolfgang Förster and Klaus Novy, eds., *Einfach bauen: Genossenschaftliche Selbsthilfe nach der Jahrhundertwende; Zur Rekonstruktion der Wiener Siedlerbewegung* (Vienna, 1985), pp. 11ff.

5 See Peter Feldbauer, *Stadtwachstum und Wohnungsnot* (Vienna, 1977).

6 Ludwig Fischer, "Die Wohnungsnot in Wien," *Der Kampf* 12, no. 7 (1919), pp. 294–95.

Nächste Seite:
Bau der Ringstraße mit dem Parlament, um 1880. Foto: Bildarchiv Austria, Österr. Nationalbibliothek
Next page:
Construction of the Ringstraße boulevard with parliament building, around 1880. Photo: Bildarchiv Austria, Austrian National Library

6   Fischer, Ludwig: „Die
      Wohnungsnot in Wien",
      in: *Der Kampf* Jg. 12, Nr. 7,
      Wien 1919.

7   Adler, Viktor: „Die Lage der
      Ziegelarbeiter", in: *Gleichheit*,
      Wien 1. Dezember 1888.

8   Zur Wohnungsreformdebatte
      siehe insbesondere: Förster,
      Wolfgang/Novy, Klaus, a. a. O.,
      Wien 1985, S. 11 ff.

9   Rede von Gemeinderat
      Leopold Winarsky bei der
      konstituierenden Versamm-
      lung der Zentralstelle für
      Wohnungsreform 1907.

übrigblieb, als tagsüber **Bettgeher** aufzunehmen. Dies führte wiederholt zu Seuchen – Choleraepidemien wüteten in ganz Europa schon in den Jahren 1830, 1832 und 1849 – und zur Verbreitung der international als „Vienna Disease" bekannten Tuberkulose. Die durchschnittliche Lebenserwartung von Männern betrug im Jahr 1900 gerade einmal 40,6 Jahre. Die Säuglings- sterblichkeit lag im 1. Bezirk bei 10 von 100, im 10. Bezirk jedoch bei 40 von 100.[6] Nach Mitteilungen des Stadtphysikats wohnten nicht selten 20 Perso- nen in einem Zimmer und bis zu 50 in einer Kleinwohnung. Aber selbst das wurde noch vom Los der **„Sklaven vom Wienerberg"**[7] (Viktor Adler) übertrof- fen: Die im Eigentum von Baron Heinrich Drasche stehenden Wienerberger Ziegelwerke hatten sich durch den enormen Bauboom der Residenzstadt zum weltgrößten Ziegelproduzenten entwickelt. Drasche agierte auch selbst als Bauherr und Spekulant. Die doppelte Ausbeutung der meist böhmischen Arbeiter („Ziegelböhm") durch Niedriglöhne und ein eigenes betriebsinternes Zahlungssystem für Essen und Schlafplätze wurden nach Adlers Reportagen in der *Gleichheit* zum Symbol des ungebremsten gründerzeitlichen Kapitalis- mus und seiner Ausbeutungsmethoden.

Die **Sozialdemokraten** hatten lange eine Beseitigung des Woh- nungselends auf die Zeit nach einer sozialistischen Revolution verschoben und verlangten erst in ihrem **Wiener Kommunalprogramm im Jahr 1900** unter Punkt 10 den „Bau von Arbeiterwohnhäusern", ein tiefgreifenderer Um- bruch erfolgte aber mit dem Parteitag 1907. In einem eigenen Fachprogramm wurde die Schaffung eines Reichswohnungsamtes und eines kommunalen Wohnungsamtes verlangt, ebenso die – jahrzehntelang verschleppte – Re- form der Bauordnung sowie der Bau von Musterwohnungen. Auf die Zukunft verwiesen bereits die verlangten Steuermaßnahmen und die Unterstützung gemeinnütziger Baugenossenschaften, wie es sie im Ausland – in Deutsch- land, England und den Niederlanden – bereits gab.[8]

Für die Sozialdemokraten formulierte Gemeinderat Leopold Winarsky:

„Die organisierte Arbeiterschaft ist der Meinung, dass ihr Kampf um eine menschenwürdige Wohnung schwer zu trennen ist von ihrem Kampf um eine menschenwürdige Existenz überhaupt. Sie ist daher überzeugt, dass das Ziel dieses Kampfes nur mit der Umgestaltung der kapitalistischen Gesellschaft erreicht werden kann. Wir sind trotzdem der Meinung, dass diese Fragen Macht- fragen sind. [...] Aber trotzdem wir auf diesem prinzipiellen Boden stehen, stehe ich nicht an zu erklären, dass die organisierte Arbeiter- schaft auch innerhalb der gegenwärtigen Gesellschaftsordnung alle Bestrebungen begrüßt, die ehrlich darauf ausgehen, die Lage der arbeitenden und armen Klassen zu mildern."[9]

In der weiteren Diskussion verlangte Gemeinderat Anton Schlinger ein Verbot der Vermietung von Kellerräumen für Wohnzwecke, die Einführung

by the fate of the **"Wienerberg slaves"**[7] (Viktor Adler). The Wienerberg factory, owned by Baron Heinrich Drasche had become the world's biggest brick producer due to the enormous construction boom in the royal capital. The double exploitation of the mostly Bohemian workers ("Brick Bohemians") by a combination of low wages and an internal payment system for food and lodging became a symbol of nineteenth-century untamed capitalism and of its exploitation methods after Adler's articles had been published in the Social Democratic magazine *Gleichheit*.

The **Social Democrats** had long postponed the remedying of the housing misery to the time after a socialist revolution. It was only in their 1900 **Vienna Communal Program** that they demanded the construction of workers' housing under item 10, as well as the reform of the building code, which had been delayed for decades, and the construction of prototypes. At the same time, tax instruments and support for non-profit housing cooperatives—which already existed in countries like Germany, England, and the Netherlands—already pointed toward the future.[8]

Speaking for the Social Democrats, Leopold Winarsky, a member of the municipal council, declared:
The organized workers' movement holds that their fight for humane housing cannot be separated from their fight for a humane existence in general. They are therefore convinced that the goal of this fight can only be achieved by a transformation of capitalist society. … But although we all share this principal standpoint, I will not refuse to declare that the organized workers' movement welcomes all moves even within the current societal order which honestly intend to mitigate the situation of the working and poor classes.[9]

7   Viktor Adler, "Die Lage der Ziegelarbeiter," in *Gleichheit* (Vienna, December 1, 1888).

8   On the housing reform debate, especially see: Förster and Novy, *Einfach bauen: Genossenschaftliche Selbsthilfe nach der Jahrhundertwende*, pp. 11ff.

9   Leopold Winarsky, speech at the founding reunion of Zentralstelle für Wohnungsreform (Center for Housing Reform), 1907. Translation by the author.

Das Ringtheater nach dem Brand von 1881, der rund 400 Tote kostete. Foto: Wikimedia Commons
The Ring Theater after the 1881 fire which cost around 400 lives. Photo: Wikimedia Commons

10 *Mitteilungen der Zentralstelle für Wohnungsreform*, Jahrgang 3, Nr. 8, Wien 1900.

11 In Österreich vertrat vor allem der Wohnungsreformer Emil Sax das Konzept der „Arbeiterkolonie", da das „Casernement" die „Ursache allen städtischen Übels" sei. Hier machte sich bereits eine deutlich großstadtfeindliche und agrarromantische Haltung bemerkbar.

12 Verursacher der Bodenspekulation war der Bau der Ringstraße, der nach einem frühen ppp (Public Private Partnership)-Modell erfolgte: Der möglichst teure Verkauf von Grundstücken an Private durch den staatlichen Stadterweiterungsfonds sollte den Bau aller öffentlichen Gebäude – außer des Rathauses – finanzieren. Dadurch stiegen in der Folge die Grundstückspreise in allen Stadtteilen.

13 Wagner-Rieger, Renate: *Wiens Architektur im 19. Jahrhundert*, Wien 1970, S. 141 und S. 205 ff.

14 Wagner-Rieger, a. a. O., S. 205 ff.

15 Förster, Wolfgang: *Theophil Hansen. Ein Stararchitekt und seine Wohnbauten an der Wiener Ringstraße*, Otto Wagner-Werk-Museum (Hg.), Wien 2013.

von städtischen Wohnungsinspektoren sowie die Besteuerung von Spekulationsgewinnen.[10]

Eine Nebenfront der Wohnungsreformdebatte bildete die **Diskussion über die zukünftige Bauform**: „Arbeiterkaserne" (also Hochbau) oder „Arbeiterkolonie"[11] (Flachbausiedlungen)? Beide Konzepte ließen sich auf Frühsozialisten zurückführen: auf Charles Fouriers „Phalanstère" bzw. auf Robert Owens New Lanark. Beiden lag die Vorstellung einer neuen genossenschaftlichen Organisation zugrunde. Diese Diskussion sollte sich in den ersten Jahren des Roten Wien fortsetzen.

Immer mehr verschwanden im bürgerlichen Wohnbau die Grenzen zwischen „Familienpalast" – dem bürgerlichen Imitat des Adelspalais – und **„Zinspalast"**, der auch oder überwiegend zur Fremdvermietung errichtet wurde. Die reichen Bürger des Industriezeitalters bauten sich nun Paläste in der Stadt und in den Vorstädten, die jenen des Adels kaum nachstanden. Doch auch der mittlerweile ökonomisch nicht mehr führende Adel versuchte nun, an der wachsenden Wohnungsnachfrage zu verdienen, indem in den Palais – etwa der Familien Hardegg und Coburg – Mietwohnungen eingebaut wurden.

Hatten die Wohnhäuser bis Mitte des 19. Jahrhunderts noch glatte Putzfassaden, so setzte danach eine stärkere Gliederung mittels vorgetäuschter Rustika- und Giebelelemente ein, die man bald nach Katalog bestellen konnte.

In den neu parzellierten Vorstädten und Vororten setzte rasch eine – offiziell durchaus geförderte[12] – **Boden- und Bauspekulation** ein. Die Gestaltung folgte ausnahmslos dem „Prinzip der gleichmäßigen Reihung"[13]. Oberstes Anliegen war es, soviel Nutzfläche wie möglich zu erzielen. Im Ringstraßenbereich allerdings stieß dieser „Kasernenstil", oft verschlimmert durch schlampige Ausführung, freilich auf Widerstand[14]; es wurde „mehr Dekor" gefordert.

Die gleichmäßige Reihung entwickelte sich bald zur Blockverbauung, bei der mehrere private Höfe zu größeren Innenhöfen zusammengelegt und straßenseitig gleichgegliederte Fassaden angebracht wurden. Die führenden Ringstraßenarchitekten – Siccardsburg und Van der Nüll sowie Theophil Hansen[15] – gingen noch einen Schritt weiter: Sie verbanden jeweils mehrere Einzelhäuser durch einheitliche Fassaden optisch zu größeren Bauten, am eindrucksvollsten bei dem von Hansen als „schönstes Zinshaus der Welt" für den Ziegelbaron Heinrich Drasche erbauten und nach ihm benannten Heinrichhof gegenüber der Hofoper, der zahlreiche prominente Mieter – unter ihnen zeitweise Otto Wagner und Anton Bruckner – beherbergte, und, ebenfalls von Hansen, der Zinshausgruppe am Schottenring (heute Hotel Kempinsky Hansen). Eine kleine Begebenheit beleuchtet in diesem Zusammenhang die soziale Spaltung Wiens in der Hochgründerzeit: Theophil Hansens Entwurf für das prächtige Palais Epstein wurde von der Baubehörde

In the following discussion, Anton Schlinger, a member of the Vienna City Council, demanded a law against letting out basement rooms for housing, the introduction of communal housing inspectors, and the taxation of speculation gains.[10]

A side front of the housing reform debate materialized in the **discussion about the future physical form**: "workers' barracks" (i.e., multilevel blocks) or "workers' colonies"[11] (terraced houses)? Both could refer to early utopian socialists and their concepts: Charles Fourier's *phalanstère* and Robert Owen's *New Lanark* respectively. Both were based on the idea of establishing new cooperative forms of organizing society. This debate would later continue during the first years of Red Vienna.

In middle-class housing, the differences between the "family palace," the bourgeois imitation of the aristocratic palace, and the "**rental palace**," which was also (or mainly) built for renting out, disappeared more and more. Now the wealthy burghers of the industrial age erected their city palaces, which were in no way worse than those of the nobility. But the nobility, too, although not any more leading economically, wanted to profit from the increasing housing demand by including rental apartments in their palaces—as in the case of the Hardegg and Coburg dynasties.

While residential buildings had flat plastering façades until the 1850s, later more accentuated structuring by means of fake gable and rustica elements—soon to be ordered by catalog—was implemented.

In the newly structured inner and outer suburbs, **land and housing speculation** evolved and was officially supported.[12] The design followed the principle of "regular sequence."[13] Its primary aim was to achieve as much useable space as possible. In the Ringstrasse area, this "barracks style," which was often aggravated by bad execution, caused resistance and more "décor" was demanded.

The regular sequence soon developed into block-building, with several private courtyards merged and the street-facing façades treated equally. The leading Ringstrasse architects—August Siccardsburg and Eduard Van der Nüll[14] and Theophil Hansen[15]—went one step further. They connected several single buildings seemingly into one building, most impressively at Hansen's Heinrichhof Estate. This structure was erected for the "brick baron" Heinrich Drasche and named after him, and it was praised as "the world's most beautiful tenement" and had a number of prominent tenants, among them Anton Bruckner and Otto Wagner, and also the "Zinshausgruppe" (group of tenements) at Schottenring, today's Hotel Kempinski Hansen. A small fact illuminates the social division in nineteenth-century Vienna: Hansen's design for the pompous Epstein palace was repeatedly rejected by the Building Department, as the rooms of the servants' quarters were too low to permit one to stand upright.

10 *Mitteilungen der Zentralstelle für Wohnungsreform* 3, no. 8 (Vienna, 1909).

11 In Austria, the housing reformer Emil Sax in particular advocated the concept of the "workers' colony," because the "casernement" was the "cause of all urban evil." Here, a clearly anti-metropolitan and agrarian-romantic attitude was already noticeable.

12 Land speculation was enhanced when the Ringstrasse was built as an early example of the public private partnership (ppp) model: plots were sold to private investors by the national City Enlargement Fund as expensively as possible to finance the construction of all public buildings with the exception of the city hall. This led to land speculation in all parts of the city.

13 Renate Wagner-Rieger, *Wiens Architektur im 19. Jahrhundert* (Vienna, 1970), pp. 141 and 205ff.

14 Roberthof at Untere Donaustrasse, 1855.

15 Wolfgang Förster, *Theophil Hansen: Ein Stararchitekt und seine Wohnbauten an der Wiener Ringstraße* (Vienna, 2013).

Nächste Seite:
Abbruch der Stadtmauern beim Rotenturmtor 1858.
Foto: Bildarchiv Austria, Österr. Nationalbibliothek
Next page:
Demolition of the fortifications at the Rotenturmtor gate in 1858.
Photo: Bildarchiv Austria, Austrian National Library

mehrmals zurückgewiesen, weil die Räume im Dienstbotentrakt so niedrig waren, dass man darin nicht aufrecht stehen konnte.

Theophil Hansen war es auch, der für die Fassaden konsequent den Stil der Hochrenaissance durchsetzte[16], der in unzähligen Nachahmungen bald ganz Wien prägte[17].

Mit den prächtigen Palais der – oft jüdischen – „Banken- und Industriearistokraten" wie der Familien Epstein, Ephrussi, Todesco, Lieben und Schey wurde die Ringstraße auch zum **„jüdischen Boulevard"**[18], an dem die sogenannte „Zweite Gesellschaft" ihre ökonomische und kulturelle Vormacht demonstrierte. Zwar war man politisch noch nicht völlig gleichgestellt – Kaiseraudienzen etwa blieben noch lange der alten Aristokratie vorbehalten –, wirtschaftlich und kulturell aber übertrumpfte man den alten Adel. Die jüdischen **Salons** wurden denn auch zum Ausgangspunkt des wissenschaftlichen und kulturellen Aufschwungs der Donaumonarchie am Ende des 19. Jahrhunderts; hier trafen sich Wissenschaftler wie Sigmund Freud mit Künstlern wie Gustav Klimt, Arthur Schnitzler oder Gustav Mahler und tauschten sich aus.

Mit den „**Patrizierhäusern**"[19] der Vorstädte (der heutigen Innenbezirke 2 bis 9) war das Zinshaus quasi nobilitiert, was sich auch in prunkvollen Eingängen und Stiegenhäusern manifestierte. Zum Inbegriff der aufwändigen Gestaltung gehörten prachtvolle Fliesen auf den Gängen, wie jene der Brüder Schwadron[20]. Da nun auch das (Groß-) Bürgertum fast zur Gänze in Miete wohnte, war und ist bis heute in Wien das Mieten nicht als „arm" stigmatisiert, wie in vielen anderen Großstädten.

Die **Grundrisse** der (groß-)bürgerlichen Wohnungen sind nun weitgehend standardisiert: Straßenseitig befinden sich die Wohnräume, durch Flügeltüren zur „Enfilade" nobilitiert, eine bürgerliche Kopie der Raumfluchten der Adelspalais. Der dahinterliegende lange Gang bietet den Zugang zu den hofseitigen Nebenräumen – Küche, Badezimmer (so vorhanden) und Dienerzimmer. Die Dienstboten betreten die Wohnung vom eigenen Stiegenhaus aus. Ringstraßenbauten verfügen sogar über drei Stiegenhäuser: die Prunkstiege zur Beletage für die Eigentümer, ein weiteres Stiegenhaus für die betuchten Mieter der oberen Stockwerke und das Dienstboten-Stiegenhaus im Hintertrakt.

Dass die wohlhabenden Wiener lieber in einer eleganten Mietwohnung lebten als im Eigenheim, sollte sich bald zeigen. Der Architekt **Heinrich Ferstel**, der eigentlich das mittelalterliche Handwerkerhaus mit seiner Einheit von Wohnen und Arbeiten propagierte (was freilich den neuen Produktions-

16 Förster 2013, a. a. O.

17 Hansens Schwiegervater Ludwig von Förster setzte sich als Herausgeber der *Allgemeinen Bauzeitung* für Hansens Baustil ein, siehe z. B.: „Der Bau der Wiener Zinshäuser", in: *Allgemeine Bauzeitung*, Band 12, Wien 1847.

18 Kohlbauer-Fritz, Gabriele (Hg.): *Ringstrasse. Ein jüdischer Boulevard*, Wien 2015.

19 Wagner-Rieger, Renate, a. a. O., S. 252 ff.

20 Siehe Zickler, Tina (Hg.): *Brüder Schwadron. Neue Orte und Spuren*, Kartause Mauerbach/Wien 2015. Die jüdischen Eigentümer wurden 1938 enteignet.

Palais Epstein von Theophil Hansen, 1868–1881, Haupteingang mit Karyatiden. Foto: Wikimedia Commons (Markup) Epstein Palace by Theophil Hansen, main entrance with caryatids, 1868–1881. Photo: Wikimedia Commons (markup)

It was also **Theophil Hansen** who consistently implemented the High Renaissance style for the façades,[16] which soon influenced the whole of Vienna with countless imitations.[17]

With the pompous palaces of the—often Jewish—"banking and industrial aristocracy" like the families Epsteins, Ephrussis, Todescos, Lieben, and Scheys, the Ringstrasse also became also a "**Jewish boulevard**"[18] where the so-called "second society" demonstrated its economic and cultural hegemony. Although politically not yet completely equal—imperial audiences, for example, were still reserved for the old aristocracy—they clearly outdid the old aristocrats in economic terms. The Jewish **salons** became the starting point for the scientific and cultural upswing of the Danube Monarchy; here, scientists like Sigmund Freud met with artists like Gustav Klimt, Arthur Schnitzler, and Gustav Mahler, and exchanged views.

16   Ibid.

17   Hansen's father-in-law Ludwig von Förster advocated Hansen's architectural style as editor of the journal *Allgemeine Bauzeitung*. See, for example, "Der Bau der Wiener Zinshäuser," *Allgemeine Bauzeitung* 12 (Vienna, 1847).

18   Gabriele Kohlbauer-Fritz, ed., *Ringstrasse: Ein jüdischer Boulevard* (Vienna, 2015).

19   Wagner-Rieger, *Wiens Architektur im 19. Jahrhundert*, pp. 252ff.

20   See Tina Zickler, ed., *Brüder Schwadron: Neue Orte und Spuren* (Kartause Mauerbach and Vienna, 2015). The Jewish owners were expropriated in 1938.

With the "**patrician houses**"[19] of the suburbs (today's inner 2nd to 9th districts), the tenement house was quasi ennobled, which also manifested in ornate entrances and staircases. The epitome of the elaborate design included magnificent tiles in the corridors, such as those of the Schwadron brothers.[20] Since the (upper) middle class now lived almost entirely in rented accommodations, renting in Vienna was not—and still today is not—stigmatized as "poor," as is the case in many other large cities.

The **floor plans** of the (upper-)middle-class apartments were now highly standardized: the living rooms faced the street; they were connected by double doors, thus creating an "enfilade," which is in fact a middle-class copy

21 Wagner-Rieger, a. a. O., S. 215 f.

22 Der private Bauherr hatte die genehmigten Baupläne abgeändert, um durch schmälere Gänge und weniger Fluchtwege Platz zu gewinnen. Nach dem Brand wurde auf dem Grundstück ein weiteres repräsentatives Wohnhaus, das „Sühnhaus" erbaut, das im Zweiten Weltkrieg zerstört wurde. Heute befindet sich dort die Bundespolizeidirektion.

23 Siehe v. a. Nierhaus, Andreas/Orosz, Eva-Maria (Hg.): Otto Wagner, Wien 2018, S. 322 ff.

24 Philippovich, Eugen von: Wiener Wohnungsverhältnisse, Berlin 1894.

25 Hagenhofer, Johann: Die soziale Lage der Wiener Arbeiter um die Jahrhundertwende, Diss. phil., Wien 1966.

26 Errichtet 1898 vom Kaiser Franz Josef I.-Jubiläumsfonds zu dessen 50jährigem Regierungsjubiläum. Der Fonds besteht noch heute.

27 Winter, Max: Expeditionen ins dunkelste Wien, Reportagen in der Arbeiterzeitung ab 1889, zuletzt erschienen in Wien 2017.

bedingungen nicht mehr entsprach), gehörte zu den Gründern des **Cottage-Vereins**[21], der nach englischem Vorbild Villenkolonien errichten wollte. Schon das erste Projekt in Währing scheiterte freilich am mangelnden Interesse des Bürgertums, das die repräsentative Wohnung dem Leben auf mehreren Etagen vorzog. Aus den geplanten Villen wurden dadurch „**Zinsvillen**" mit mehreren Wohnungen.

Die durch den Ringstraßenbau ausgelöste Boden- und Bauspekulation, die sich allmählich auch in die Vorstädte und Vororte ausbreitete, führte nicht nur zum Börsenkrach 1873, sondern auch zu einer Katastrophe, die weltweit Entsetzen erregte. Der **Ringtheaterbrand** vom 8. Dezember 1881, eine Folge der völlig rücksichtslosen Ausnutzung der Bauparzelle[22], forderte fast 400 Todesopfer. In der Folge wurden die Brandschutzbestimmungen – mehr und breitere Fluchtwege, eiserner Vorhang – weltweit verstärkt; viele Bestimmungen gelten bis heute.

Einen weiteren kulturellen Höhepunkt erlebte das Mietshaus mit dem Wirken **Otto Wagners**. Ohnehin vertrat der große Jahrhundertwendearchitekt konsequent eine Großstadtvision mit „anonymer" Architektur. Die Erfindung des Aufzuges machte nun auch die Bevorzugung der Beletage (des ersten Stocks) hinfällig, sodass Wagner die Straßenfassaden als Einheit gestalten konnte – am schönsten in seinen berühmten Häusern an der Linken Wienzeile und in der Neustiftgasse.[23] Damit war das großstädtische Wohnhaus des 20. Jahrhunderts geboren.

Die Mehrheit der Bevölkerung freilich konnte von solchem Wohnen nur träumen. Laut Untersuchungen des Volkswirtschaftlers Eugen von Philippovich besaßen viele Arbeiter überhaupt keine eigene Wohnung: 1894 lebten rund 90.000 in Untermiete und 86.000 als **Bettgeher**, weitere 40.000 waren bei ihren Dienstgebern untergebracht.[24] 18 % aller Wohnungen galten als „überfüllt".[25]

Palais Epstein, Tanzsaal, 1868–1881.
Epstein Palace, banquet hall, 1868–188

Während es in anderen Ländern – England, Niederlande, Deutschland – bereits sozialen Wohnbau in Form von Genossenschaften gab, forderten die Sozialdemokraten in Wien vergeblich einen kommunalen Wohnbau. Bürgermeister Karl Lueger, aufgrund des **Zensuswahlrechts** – 1850 waren von 431.000 Bewohnern nur 6.000 männliche Bürger (1,4 %) wahlberechtigt, was sich bis zum Ende des Jahrhunderts nicht wesentlich änderte – in seinem Amt ungefährdet, reagierte nur mit wenigen Alibiprojekten wie den **Jubiläumshäusern in Ottakring**[26] (1898), die jedoch vom Typus her bereits den späteren Gemeindebau vorwegnahmen. Der Rest der Armen stellte sich weiterhin – wie vom Journalisten und späteren Vizebürgermeister Max Winter[27] eindrücklich geschildert – stundenlang vor den Asylen an oder schlief gleich in Kanälen und in den Wienflusstunneln.

of the flight of rooms in the aristocratic palaces. The long corridor behind these rooms gave access to the service rooms, kitchen, bathroom (if available), and the maid's chamber. Servants entered the apartment via a separate staircase. Ringstrasse buildings had even three staircases: a sumptuous main staircase leading to the owners' *bel étage*, one for the well-off tenants of the upper floors, and another one for the servants in the backyard annex.

It soon became clear that the wealthy Viennese preferred to live in an elegant rented apartment rather than in their own house. The architect **Heinrich Ferstel**, who actually propagated the medieval craftsman's house with its unity of living and working (which of course no longer corresponded to the new production conditions), was one of the founders of the **Cottage Association**,[21] which wanted to build colonies of villas based on the English model. Even the first project in Währing failed due to the lack of interest on the part of the bourgeoisie, who preferred the representative apartment to living on several floors. The planned villas thus became "**rental villas**" with several apartments.

21   Wagner-Rieger, *Wiens Architektur im 19. Jahrhundert*, pp. 215–16.

22   The private developer had modified the approved construction plans in order to gain space through narrower corridors and fewer escape routes. After the fire, another representative residential building, the "Sühnhaus," was built on the property, which was destroyed in World War II. Today the Austrian Federal Police Headquarters are located there.

The land and building speculation initiated by the construction of the Ringstrasse, which step by step expanded to the suburbs, led not only to the 1873 stock exchange crash, but also to a catastrophe which caused global horror. The **Ringtheater fire** of December 8, 1881, a consequence of the totally ruthless exploitation of the building lot,[22] caused almost 400 deaths. As a consequence, fire protection rules—more and broader escape routes, an iron curtain—were intensified globally, some of them valid still today.

The tenement experienced another cultural highlight with the work of **Otto Wagner**. In any case, the great turn-of-the-century architect consistently represented a vision of a big city with "anonymous" architecture. The

Nächste Seite:
Laimgrubengasse im heutigen 6. Bezirk im Jahr 1899: Nahe den Fabriken am Wienfluss wohnten die Proletarier in den schleht ausgestatteten Hintertrakten bürgerlicher Wohnhäuser.
Foto: Bildarchiv Austria, Österr. Nationalbibliothek
Next page:
Laimgrubengasse in today's 6th district in 1899. Proletarians working in the nearby factories along the Wien River lived in the poorly equipped backyard buildings of middle-class houses.
Photo: Bildarchiv Austria, Austrian National Library

Eine entscheidende Wende brachte der Erste Weltkrieg. 1913 gründete Bürgermeister Richard Weiskirchner das **Kriegerheimstättenprogramm**, das es allerdings nur zu einer einzigen Siedlung in Aspern brachte. Um die Kündigungen von Soldatenfamilien zu beenden, wurde 1917 im österreichischen Teil der Doppelmonarchie zum Schutz der Soldatenwitwen ein **Mieterschutz** eingeführt. Mieten wurden auf dem Vorkriegsniveau eingefroren. Dies sollte zunächst bis Kriegsende gelten, doch sind große Teile des Mieterschutzgesetzes bis heute gültig. Im Roten Wien der 1920er-Jahre führte dies zu heftigen politischen Kontroversen.

Vorherige Seite:
Koppstraße und Herbststraße
im 16. Bezirk mit typischer
gründerzeitlicher Bebauung mit
gleichförmigem Blockraster,
hoher Dichte und engen
Innenhöfen. Foto: Stadt Wien/
Christian Fürthner, 2019
Previous page:
Koppstraße and Herbststraße
in the 16th district with the
typical late-nineteenth-century
grid pattern development dis-
playing high density and narrow
courtyards. Photo: City of
Vienna/Christian Fürthner, 2019

invention of the elevator made the preference for the bel étage (the first floor) obsolete, so that Wagner was able to design the street façades as a unit—most beautifully in his famous houses on Linke Wienzeile and Neustiftgasse.[23] This was the birth of the metropolitan residential building of the twentieth century.

The majority of the population, of course, could only dream of such housing. According to the national economist Eugen von Philippovich,[24] many workers did not have their own accommodations at all. In 1894, some 90,000 people lived in sublease arrangements and about 86,000 as **bed lodgers,** while some 90,000 lived in their employers' homes. In fact, 18 percent of all homes were classified as "overcrowded."[25]

While in other countries—such as England, the Netherlands, or Germany—social housing existed already in the form of cooperatives, the Vienna Social Democrats demanded communal housing without effect. Mayor Karl Lueger, who remained unthreatened in his function due to **census suffrage**—in 1850, only 6,000 male citizens (1.4 percent) of 431,000 residents had the right to vote, which did not change significantly until the end of the century—reacted only with a few alibi projects as the 1898 "**Jubilee Buildings**"[26] in Ottakring, which, in their layout, already anticipated the later council housing estates. The rest of the poor, however, still had to queue for hours at the doors of the asylums—as described by the journalist Max Winter,[27] who later became Deputy Mayor—or they slept in the sewage system and in the tunnels of the Wien River.

It was finally World War II that brought a significant change. In 1913, Mayor Richard Weiskirchner introduced the **Kriegerheimstätten-programm** (Soldiers' Home Program), which only led to the construction of one single housing complex in Aspern. In 1917, a **Tenants' Protection Act** was introduced in the Austrian part of the Hapsburg Monarchy to protect soldiers' widows. It stabilized rents at the prewar level. The Act was intended to be temporary until the end of the war, but large parts of it are still valid today. In the Red Vienna of the 1920s, this led to harsh political controversies.

23 See especially Andreas Nierhaus and Eva-Maria Orosz, eds., *Otto Wagner* (Vienna, 2018), pp. 322ff.

24 Eugen von Philippovich, *Wiener Wohnungsverhältnisse* (Berlin, 1894).

25 Johann Hagenhofer, "Die soziale Lage der Wiener Arbeiter um die Jahr-hundertwende" (PhD diss., University of Vienna, 1966).

26 Built by the Emperor Franz Joseph Jubilee Fund on the occasion of his fifty-year jubilee. The fund still exists today.

27 Max Winter, *Expeditionen ins dunkelste Wien: Reportagen in der Arbeiterzeitung ab 1889*, most recently published in Vienna in 2017.

Sozialer Wohnbau im 20. Jahrhundert: Rotes Wien

Social Housing in the Twentieth Century: Red Vienna

Die drei wichtigsten Schulen der Psycho-therapie erreichen ihre Bedeutung fast zeit-gleich in Wien nach dem Ersten Weltkrieg. Das Rote Wien wird zum weltweit beachteten Experimentierfeld.

1   Zum Begriff Austromarxismus siehe u. a.: Öhner, Vrääth: „Austromarxismus. Die Ideo-logie der Einheit der österrei-chischen Arbeiterbewegung", in: Schwarz, Werner Michael/Spitaler, Georg/Wikidal, Elke Hg.): *Rotes Wien 1919–1934*, Wien 2019, S. 32 ff. Zur Ent-stehung des Roten Wien u. a.: Mattl, Siegfried: *Wien. Das 20. Jahrhundert*, Wien 2000.

2   Bauer Otto: *Die österreichi-sche Revolution*, Wien 1923.

3   Zur Wiener Siedlerbewegung siehe v. a.: Förster Wolfgang, Novy Klaus: *Einfach bauen. Genossenschaftliche Selbst-hilfe nach der Jahrhundert-wende. Zur Rekonstruktion der Wiener Siedlerbewegung*, Wien 1985

4   *Arbeiter-Zeitung*, Wien 27. September 1920.

5   Grazer Parteitag: 18-Punkte-Programm von Franz Schuhmeier.

Neben die Psychoanalyse Sigmund Freuds, der bereits weltberühmt war, traten Alfred Adlers Individualpsychologie und Viktor Frankls Logothera-pie. Während die Psychoanalyse noch als zu bürgerlich-elitär galt, unterstütz-te die sozialdemokratische Stadtverwaltung die beiden jüngeren Schulen tat-kräftig, ja baute sie sogar in ihr gesundheitspolitisches Reformwerk ein, das auf der Ideologie des Austromarxismus[1] beruhte.

Dass die drei Schulen sich zu diesem Zeitpunkt just in Wien (weiter-)entwickelten – mehr noch: dass alle drei von Wiener Juden stammten, ist kein Zufall; es ist Ausdruck jenes geistes- und naturwissenschaftlichen, aber auch künstlerischen Aufschwungs, den die alte Habsburgermetropole nach der Revolution von 1918 genommen hatte, Ausdruck auch der Zusammenarbeit von fortschrittlicher Politik und engagierter Wissenschaft.

Der Wohnbau des Roten Wien begann freilich nicht mit den berühm-ten Gemeindebauten als Reformpolitik von oben, sondern als Massenbewe-gung von unten.

Denn der Erste Weltkrieg hatte die Wohnungssituation in Wien dra-matisch verschlechtert: Jahrelang war jede Bautätigkeit unterblieben und bei Kriegsende waren Zehntausende aus den ehemaligen Ostgebieten der Mon-archie nach Wien geströmt – darunter viele frühere Beamte, aber auch Juden aus den nun von Pogromen heimgesuchten Schtetln Osteuropas. Paradoxer-weise trug auch der 1917 als vorübergehende Notmaßnahme eingeführte Mieterschutz – man wollte Soldatenfamilien vor Kündigungen schützen – zu einer Verschärfung der Wohnungsnot bei: Arbeiterfamilien konnten sich ihre – niedrigeren – Mieten nun auch ohne Aufnahme von Untermietern und Bett-gehern leisten, wodurch die Zahl der Obdachlosen noch weiter stieg.

Dies führte dazu, dass „die frierenden und hungernden Massen"[2] Land besetzten und dort, „um alle Eigentumsrechte unbekümmert" notdürfti-ge Unterkünfte zu errichten begannen[3]. In Massendemonstrationen forderten die Arbeiter eine sofortige Bodenreform[4] – die freilich nie kam. Die **Wiener Siedlerbewegung** war damit geboren.

Die Sozialdemokratische Partei hatte schon im Jahr 1900[5] in ihrem Parteiprogramm den öffentlichen Bau von Sozialwohnungen gefordert, doch machte die ökonomische Situation Österreichs nach dem Ersten Weltkrieg

The three most important schools of psychotherapy reach their height almost simultaneously in Vienna after World War I. Red Vienna is to become a globally acknowledged field of experimentation.

Besides the psychoanalysis of Sigmund Freud, who was already world-famous, Alfred Adler's individual psychology and Viktor Frankl's logotherapy were developed. While psychoanalysis was still regarded as bourgeois-elitist, the Social Democratic city administration supported the two younger schools and even made them part of its reform of health policies, which were based on the ideology of "Austromarxism."[1]

That these three schools developed (further) in Vienna at that very moment in time—and, what is more, that all three were created by Viennese Jews—was not a coincidence. It is an expression of the enormous upswing in sciences and culture that the former Hapsburg capital experienced after the revolution of 1918. It also reflects the cooperation among progressive politics and dedicated sciences.

Red Vienna housing, however, started not with the famous *Gemeindebauten* (council housing estates) as top-down reform policy, but as a bottom-up mass movement.

World War I had dramatically worsened the housing crisis in Vienna. Not only had all building activities been stopped for several years, but at the end of the war tens of thousands had moved to Vienna from the eastern parts of the monarchy—among them, many former public servants and also Jewish people who had escaped the increasing pogroms in Eastern Europe's shtetls. Ironically, even the tenant protection law introduced in 1917—as a temporary measure to protect soldiers' families from eviction—actually further exacerbated the housing crisis. Working-class families could then afford their now lower rents without accepting subtenants or bed lodgers, which in turn increased homelessness even more.

This led to a situation where "the freezing and hungry masses"[2] occupied land "disregarding any property rights."[3] In mass demonstrations, the workers demanded an immediate land reform[4]—which never came. This was the birth of the Vienna Settlers' Movement.

The Social Democratic Party had already demanded public social housing in their 1900 party program,[5] but the economic situation in Austria after World War I initially made such a broad-based program impossible. Thus, the revolutionary *Siedler* (settlers) opened a door that would not close

1 On the concept of Austromarxism, see for instance Vrääth Öhner, "Austromarxismus: Die Ideologie der Einheit der österreichischen Arbeiterbewegung," in *Rotes Wien 1919–1934*, ed. Werner Michael Schwarz, Georg Spitaler, and Elke Wikidal (Vienna, 2019), pp. 32ff. On the origins of Red Vienna, see Siegfried Mattl, *Wien: Das 20. Jahrhundert* (Vienna, 2000), among others.

2 Otto Bauer, *The Austrian Revolution* (Vienna, 1923).

3 On the Vienna Settlers' Movement, especially see Wolfgang Förster and Klaus Novy, *Einfach bauen: Genossenschaftliche Selbsthilfe nach der Jahrhundertwende; Zur Rekonstruktion der Wiener Siedlerbewegung* (Vienna, 1985).

4 *Arbeiter-Zeitung* (Vienna, September 27, 1920).

5 Graz Party Conference, eighteen-point program by Franz Schuhmeier.

ein solches Programm auf breiter Basis zunächst unmöglich. Die revolutionären Siedler stießen damit eine Tür auf, die sich nicht mehr schließen sollte. Die von den Sozialdemokraten regierte Gemeinde Wien stand damit vor einem Dilemma: Sollte man die berechtigten Forderungen der Arbeiter unterstützen und damit eine anarchische Stadtentwicklung mit der teilweisen Zerstörung des Wienerwaldes und der Besetzung privater Grundstücke akzeptieren oder dagegen vorgehen und die eigenen sozialdemokratischen Grundsätze verraten? Bürgermeister **Jakob Reumann** entschied sich schließlich für einen pragmatischen Weg: Besetzungen wurden dort legalisiert, wo es rechtlich möglich war. Doch sollten die Grundstücke zur Vermeidung von Bodenspekulation nicht privatisiert, sondern auf Dauer neu zu gründenden **Genossenschaften** übertragen werden. Einige von diesen existieren noch heute als gemeinnützige Bauträger. Zukunftsweisend war die Ausstattung der Siedlungen mit **Gemeinschaftseinrichtungen**: Spiel-, Kultur- und Sportstätten, Kindergärten, Leihbüchereien und alkoholfreie Gaststätten wurden nun auf genossenschaftlicher Basis betrieben, alle Entscheidungen demokratisch gefällt. Erst der faschistische Staat löste 1934 diese demokratischen Strukturen auf. Zur Unterstützung gründete die Stadt ein **Siedlungsamt**, zu dessen Chefarchitekten man **Adolf Loos** bestellte, denn der berühmte Architekt hatte sich wie auch Josef Frank und Margarethe (Schütte-) Lihotzky für die Siedlerbewegung eingesetzt. Loos konnte sein billig zu errichtendes „Haus mit einer Mauer"[6] ansatzweise in der **Siedlung Heuberg** errichten. Mit der **Gesiba** – damals „Gemeinnützige Siedlungs- und Baustoffanstalt" – wurde eine Einrichtung zur Verteilung des Baumaterials gegründet, die erst viel später selbst zum Bauträger wurde. Doch wurde nun auch an der Vorbereitung eines kommunalen Wohnbauprogramms gearbeitet, das wesentliche Elemente der Siedlerbewegung – vor allem deren Ansatz zur Vergesellschaftung häuslicher Funktionen – übernahm. Zu den engagierten Unterstützern der Siedlerbewegung gehörte auch der Philosoph und Nationalökonom **Otto Neurath**[7], der für sie im Gesellschafts- und Wirtschaftsmuseum erstmals seine revolutionäre „**Wiener Bildstatistik**"[8] – Urform aller modernen Bildstatistiken – verwendete.

Der Reumannhof 1924.
Reumannhof Estate in 1924.

6   Patentschrift „Haus mit einer Mauer", Patentregister Nr. 87.460, Wien 2. Dezember 1921.

7   Siehe u. a.: Neurath Otto: „Planmäßige Siedlungs-, Wohnungs- und Kleingartenorganisation", in: *Der Siedler* 1/6, Wien 1921.

8   Vossoughian, Nader: *Otto Neurath. The Language of the Global Polis*, Rotterdam 2007.

9   Robert Danneberg in „Das neue Wien", Wien 1930.

Das „**Neue Wien**" (der Ausdruck „Rotes Wien" stammte ursprünglich von seinen Gegnern, die es semantisch in die Nähe des Bolschewismus rücken wollten, und setzte sich erst später durch) sah sich als „Welthauptstadt des demokratischen Sozialismus" und fand als solche auch weltweit Beachtung. Der Kapitalismus, so Wohnbaustadtrat Robert Danneberg, könne „zwar nicht von den Rathäusern aus beseitigt werden", doch könne eine Stadt bereits jetzt zeigen, „welche schöpferischen Kräfte dem Sozialismus innewohnen".[9]

Zu den wichtigsten Pfeilern dieser Reform gehörten Finanz-, Gesundheits- und Bildungspolitik. Vor allem aber wurde der Wohnbau zum

Vorherige Seite:
Der Reumannhof – bis heute Symbol und Wahrzeichen des „Roten Wien".
Previous page:
Reumannhof Estate is still to this day a symbol of "Red Vienna."

again. The municipal administration governed by the Social Democrats faced a dilemma. Should they support the workers' justified demands and thus accept the partial destruction of the Vienna Woods and the occupation of private land, or should they betray their own principles? Finally, Mayor **Jakob Reumann** chose a pragmatic approach, which involved the legalization of occupations wherever legally possible. However, in order to avoid land speculation, the plots of land were not to be privatized but rather transferred on a permanent basis to newly established **cooperatives**. Some of these cooperatives still exist today as non-profit housing developers. A big step toward the future was the introduction of **community facilities** in these housing estates: facilities for leisure, culture, and sports, kindergartens, libraries, and alcohol-free restaurants, all of them managed on a cooperative basis; all decisions had to be made democratically. These democratic structures remained in place until 1934, when they were dissolved by the Austrofascist state. As a means of support, the municipal administration established a *Siedlungsamt* (settlement office) and made **Adolf Loos** its chief architect, as the famous architect—like Josef Frank and Margarete Schütte-Lihotzky—advocated the Settlers' Movement. Loos was also able to

partly build his "One Wall House"[6] in the **Heuberg Estate**. Gesiba—much later a housing developer itself—was established to distribute construction materials. At the same time, however, a public housing program was initiated which would include significant elements of the Settlers' Movement—particularly its approach to the communalization of domestic functions. One of the most active supporters of the **Settlers' Movement** was the philosopher and economist **Otto Neurath**,[7] who, in his **Social and Economic Museum of Vienna**, first used his revolutionary **"Vienna Method of Pictorial Statistics"**[8]—the prototype ("isotype") of all future pictorial statistics.

    "**New Vienna**" (the term "Red Vienna" was originally created by its opponents to put it semantically near to Bolshevism and only became common

6   Patent document "Haus mit einer Mauer," patent registry no. 87.460, Vienna, December 2, 1921.

7   See, among others, Otto Neurath, "Planmäßige Siedlungs-, Wohnungs- und Kleingartenorganisation," *Der Siedler* 1, no. 6 (Vienna, 1921).

8   Nader Vossoughian, *Otto Neurath: The Language of the Global Polis* (Rotterdam, 2007).

sichtbarsten Zeichen des Neuen. Hier, in den großen **Gemeindebauten**, beschlossen im ersten kommunalen Wohnbauprogramm 1923, konnten die Fortschritte des Neuen Wien allen Stadtbewohnern – und den Fachbesuchern aus aller Welt – deutlich vor Augen geführt werden: helle, gesunde Wohnungen anstelle der alten Mietskasernen, große Gartenhöfe mit Spiel- und Ruheplätzen anstelle enger Lichthöfe, großzügige Stiegenhäuser statt der langen Gänge in den Substandardhäusern, Gemeinschaftseinrichtungen. Da man nun auch die Trennung zwischen öffentlichem Raum und Baublöcken aufhob, ergaben sich für alle Stadtbewohner neue begrünte Wege durch die Stadt, wurden die neuen Qualitäten auch für jene erlebbar, die selbst nicht dort wohnten. Beeindruckend war auch die Reduktion der Dichte: So sind selbst beim monumentalen **Karl-Marx-Hof** (1927–1930) nur 18 % der Grundfläche bebaut – im Gegensatz zu über 90 % in gründerzeitlichen Blöcken.

Als Wien 1922 ein eigenes Bundesland wurde und damit Steuerhoheit bekam, schlug die eigentliche Geburtsstunde des Roten Wien. Finanzstadtrat **Hugo Breitner**, von den Christlich-Sozialen antisemitisch angegriffen, schuf mit seinem System von Luxussteuern, darunter der auf vorhandenen Wohnraum eingehobenen stark progressiven **Wohnbausteuer**, die finanztechnische Grundlage für ein **Wohnbauprogramm**, das zunächst den Bau von 25.000 kommunalen Mietwohnungen innerhalb von 5 Jahren vorsah. Tatsächlich wurde es vorzeitig erfüllt, sodass bis 1934 rund **65.000 „Gemeindewohnungen"** entstanden.

„Wenn wir einst nicht mehr sind, werden diese Steine für uns sprechen."[10] Die Politik war sich der symbolischen Bedeutung des sozialen Wohnbaus bewusst. Die Vorwegnahme des „Neuen Wien" in den Gemeindebauten entsprach der Überzeugung des **Austromarxismus**[11], auf demokratischem Weg zunächst im Reproduktionsbereich zum Sozialismus gelangen zu können. Selten wurde ein Wohnbauprogramm derart zum Ausdruck von Politik. Mit den **Hofbezeichnungen** (Marx-, Engels-, Adler-, Bebel-, Matteotti-Hof etc.) dokumentierte man das Recht auf Geschichte der Arbeiterklasse in der bürgerlich geprägten Stadt.

Die Architektur wird zum Träger einer **sozialen Utopie**. Neben den zahlreichen Gemeinschaftseinrichtungen und dem großzügigen Hof als Kommunikationsbereich sollte auch die Ästhetik den Anspruch auf gesellschaftlichen Fortschritt manifestieren. Dennoch ist das Erscheinungsbild der Wiener Gemeindebauten des Roten Wien erstaunlich vielfältig; Ab 1923 wurden zunehmend private Architekturbüros – unter ihnen die prominentesten Architekten der Zeit – mit der Planung beauftragt. Bei den Wohnungsgrundrissen allerdings war eine „Gemeinde-Wien-Type" mit vier Wohnungsgrößen – 38–57 m² – verbindlich. In radikaler Abkehr von den gründerzeitlichen Mietskasernen mit ihren langen Gängen erfolgte die **Erschließung** nun über Stiegenhäuser mit höchstens vier bis sechs Wohnungszugängen pro Stock. Da anstelle der dunklen Hinterhöfe nun begrünte Gartenhöfe entstanden, entfiel auch der Gegensatz von bevorzugten Straßen- und schlechten Hofwohnungen. Jede

10 Bürgermeister Karl Seitz bei der Eröffnung des Karl-Marx-Hofs am 12. Oktober 1930.

11 Zu den wichtigsten Theoretikern des Austromarxismus gehörten Otto Bauer und Max Adler.

Vorherige Seite:
Wiener Kinder beim Fußballspielen. Im Hintergrund der von Karl Ehn geplante und 1930 eröffnete Karl-Marx-Hof, das Synonym für den Wiener Gemeindebau. Foto: Lothar Rübelt, 1932, Rübelt Negativarchiv der Österreichischen Nationalbibliothek
Previous page:
Children playing soccer in Vienna. Visible in the background is the Karl-Marx-Hof, designed by Karl Ehn and opened in 1930, which is a synonym for Vienna's council housing estates. Photo: Lothar Rübelt, 1932, Rübelt Negativarchiv of the Austrian National Library

later) saw itself as the "world capital of democratic socialism" and, as such, received worldwide attention. Capitalism, as Robert Danneberg, the housing councilor, remarked, could "not be abolished from the city halls," but a city could "demonstrate now already the creative powers of socialism."[9]

The most important pillars of these reform policies included financing, health, and education. But, first of all, housing construction became the most visible sign of the new era. Here, in the **new council housing estates**, progress could be clearly demonstrated to the citizens—and to the visiting experts from around the world: well-lit healthy apartments instead of the old tenement buildings, large green courtyards instead of narrow inner courts, and generous staircases instead of the long corridors of the substandard tenements. As the separation of public spaces and closed blocks was dissolved, all citizens now profited from green paths through the city, and the new qualities could even be experienced by those who did not live there themselves. Also, the low density is impressive: even in the highly monumental **Karl-Marx-Hof Estate** (1927–30) only 18 percent of the surface is built on, in contrast to up to 90 percent in the nineteenth-century Gründerzeit blocks.

When Vienna became a separate Austrian state in 1922, and thus gained fiscal sovereignty, this became Red Vienna's true hour of birth. **Hugo Breitner**, councilor for financing, who was attacked by the Christian Socialists in an anti-Semitic way, created through his system of luxury taxes—including the **housing tax**, which was imposed on all existing housing but was still strongly progressive—the budgetary fundament for a housing program which in a first step planned 25,000 communal rental flats within five years. In fact, it was finished ahead of time, and about **65,000 council flats** were built until 1934.

"Once we are no more, these stones will speak for us."[10] The political players were well aware of the symbolic significance of social housing. The anticipation of a "New Vienna" in its council housing estates reflected the conviction of Austromarxism[11] to be able to reach socialism in a democratic way. Rarely has a housing program ever so strongly become an expression of politics. With the estate names (Karl-Marx-Hof, Friedrich-Engels-Hof, Adler-hof, Bebelhof, Matteottihof, etc.), the working class's right to its own history in a city marked by the bourgeoisie was documented.

Architecture became the medium of a **social utopia**. Besides the numerous communal facilities and the large courtyard as a gathering area, aesthetics were meant to document the claim to societal progress. Still, the architecture of Red Vienna's council housing estates is surprisingly diverse. From 1923 onward, private architects were commissioned with the planning—among them the most prominent architects of the period. For the floor plans, however, a "Vienna-type municipality" with four different sizes—28 to 57 m² —was obligatory. In a radical departure from the nineteenth-century tenement buildings with their long corridors, access now took place via staircases with a maximum of four to six apartments per floor. Instead of dark, narrow courts,

9   Robert Danneberg, *Das neue Wien* (Vienna, 1930).

10 Mayor Karl Seitz at the inauguration of the Karl-Marx-Hof estate in October 1930.

11 Otto Bauer and Max Adler were among the most important theorists of Austromarxism.

Nächste Seite:
Rabenhof mit Zweigstelle der städtischen Bücherei, erbaut 1927. Foto: Wikimedia Commons (Peter Haas)
Next page:
Rabenhof Estate with a branch of the municipal library built in 1927. Photo: Wikimedia Commons (Peter Haas)

Wohnung hatte über Wasserleitung und WC zu verfügen, ebenso über ein Vorzimmer und – meistens – einen Balkon. Zum Inbegriff der Gemeindewohnung wurde die „**Wohnküche**", ein Wohnzimmer mit Kochnische, das auch die Beheizung durch Kohleherd – später Gasherd – ermöglichte. Auf Badezimmer und Zentralheizung wurde aus Kostengründen verzichtet; dafür gab es Gemeinschaftsbäder und Waschküchen. Das Festhalten an der Wohnküche (im Gegensatz zur separierten modernen Einbauküche, wie sie Magarete Schütte-Lihotzky zuerst für Wiener Siedlerhäuser, später für den sozialen Wohnbau in Frankfurt entwickelte[12]) hatte neben baulichen auch soziale Gründe, die auf eine stärkere Teilhabe der Frau am Familienleben abzielten.[13] Die Ausstattung der Gemeindebauten mit **Gemeinschaftseinrichtungen** – Versammlungsräume, Bäder, Waschküchen, Ambulatorien und andere Gesundheitseinrichtungen, Turnhallen, Kindergärten, Bibliotheken etc. – stellte einen wichtigen Schritt zur Vergesellschaftung des Wohnens dar und unterschied sich damit deutlich von den funktionalistischen Sozialwohnbauten in deutschen Großstädten. Auf radikalere Experimente wie die sowjetischen Kollektivwohnhäuser wurde – mit Ausnahme des **Einküchenhauses „Heimhof"**[14] im 15. Bezirk – verzichtet.

Schließlich beschäftigten sich sie Architekten des Roten Wien auch mit Fragen der Inneneinrichtung. Die von Margarete (Schütte-) Lihotzky gegründete **Warentreuhand** verstand sich als proletarisches Gegenstück zur elitären Wiener Werkstätte und stellte billige Möbel und Alltagsgegenstände für Arbeiterhaushalte in den Gemeindewohnungen her. Im Karl-Marx-Hof wurden diese Möbel in einem eigenen Lokal ausgestellt. Das Lokal selbst spiegelt die Geschichte wider: Nach dem Februar 1934 richtete das klerikalfaschistische Regime dort eine „Notkirche" ein, 1938 folgte ein Lokal der Hitlerjugend.

Auffallend bei fast allen Gemeindebauten der 1920er-Jahre ist deren Monumentalität, die sich neben der politischen Konnotation aus der Herkunft der meisten Architekten aus der **Schule Otto Wagners** erklärt. Dies gilt besonders für die „**Superblocks**", Bauten mit oft mehr als 1.000 Wohnungen über mehrere gründerzeitliche Blocks hinweg. Die Aufhebung des Unterschieds von traditionellem Straßen- bzw. Hofraum, ihre Durchdringung bestehender städtebaulicher Strukturen und Funktionen lässt sich als dialektische Beziehung zwischen alt und neu, als Neuinterpretation der bürgerlichen Stadttextur[15], als Implantat einer neuen Baugesinnung und proletarischen Identität in der gründerzeitlichen Stadt lesen, die für alle Stadtbewohner unmittelbar erlebbar waren. Die Erschließung der Wohnungen erfolgt über einen gestuften Ablauf von öffentlichen über halböffentliche und (fast) private Räume durch Verlegung der Stiegenhaus-Eingänge in die Höfe.

Dieses Erschließungssystem geht im Wesentlichen auf den Architekten **Hubert Gessner**[16] zurück, der freilich auch auf ältere Vorbilder wie die Wiener Stiftshöfe zurückgreifen konnte. Gessner, Student Otto Wagners an der Akademie und später dessen Mitarbeiter, sah sich auch Wagners Kon-

12   Zu Schütte-Lihotzky siehe v. a. Noever Peter (Hg.): *Margarete Schütte-Lihotzky. Soziale Architektur. Zeitzeugin eines Jahrhunderts*, Wien 1993.

13   Blau, Eve: *The Architecture of Red Vienna 1919–1934*, Cambridge, MA/London 1998, S. 204; zur Rolle der Frau siehe auch: Yazdanpanah, Marie-Noelle: „Es lebe drum: Die Frau von heut!" in: Schwarz, Werner Michael/Spitaler, Georg/Wikidal, Elke (Hg.): *Rotes Wien 1919–1934*, Wien 2019, S. 50 ff.

14   Zum Einküchenhaus siehe v. a.: Uhlig, Günther: *Das Einküchenhaus*, Gießen 1981.

15   Blau, Eve, a. a. O., S. 327 ff.

16   Zu Hubert Gessners Bedeutung für den Wiener sozialen Wohnbau siehe v. a.: Förster, Wolfgang: *Wagner-Schule – Rotes Wien. Architektur als soziale Utopie*, Ausst.-Kat. des Wagner: Werk Museums, Wien 2010, S. 16ff.

now greened courtyards were created, thus eliminating the difference between privileged street-facing apartments and poor backyard dwellings. Each apartment had to have its own tap and WC, and a hall, and (in most cases) a balcony. The *Wohnküche*—a living room cum kitchenette—became typical in council housing, allowing tenants to heat with a coal stove—and later with a gas stove. Planning renounced private baths and central heating to reduce costs. One of the reasons to insist on the *Wohnküche* floor plan was to enable women to better participate in family life[12] (contrary to the separate modern built-in kitchen, which **Margarete Schütte-Lihotzky**[13] first developed for Vienna estate houses and later for Frankfurt social housing). Equipping council housing estates with **communal facilities** (meeting halls, baths, laundries, walk-in clinics and other health facilities, kindergartens, gyms, libraries, etc.) represented an important step toward the communalization of housing, as well as a difference to the functionalist social housing estates in the German cities. More radical experiments comparable to the Soviet collective housing estates were renounced—with the exception of **Heimhof**, an **"Einküchenhaus"**[14] (a communal kitchen building) in the 15th district of Vienna.

Finally, the Red Vienna architects also dealt with questions of furnishing. The *Warentreuhand*, founded by Margarete Schütte-Lihotzky, was conceived as a proletarian counterpart to the elitist Wiener Werkstätte; it produced cheap furniture and everyday objects for working-class households. The items were presented in a shop at Karl-Marx-Hof. This very space illustrates history: after February 1934, the clerical-fascist regime transformed it into an "emergency church," and in 1938 it became a meeting hall for the Hitler Youth.

Remarkably, almost all of the council housing estates from the 1920s show a certain monumentality, which apart from their political connotation may be explained by the fact that most architects were students of Otto Wagner. This is particularly obvious in the so-called *superblocks*—estates with often more than 1,000 apartments extending over several nineteenth-century Gründerzeit blocks. Abolishing the distinction between the traditional street area and the courtyard, the intersection of the existing urban texture[15] may be read as a dialectic relation between old and new, and as a new interpretation of the bourgeois city structure which could be experienced immediately by every citizen. Access to the apartments was now provided via a stepped approach from public spaces via semipublic areas and (almost) private spaces.

This access system goes primarily back to the architect **Hubert Gessner**,[16] who also drew on older models, such as the Vienna monasterial housing estates. Gessner, a student of Otto Wagner and later his collaborator, felt committed to Wagner's concept of the **Gesamtkunstwerk** (total work of art). Thus, in his best buildings (the Reumannhof, Lassallehof, and Karl-Seitz-Hof estates), he designed all of the details himself: banisters, pergolas, ceramic décor, lamp posts, and door handles. At the **Gartenstadt Jedlesee** in particular (today's Karl-Seitz-Hof), the recourse to historical styles represents "quotations of content; expressing the right to beauty, the nobilitation of the worker.

12 Eve Blau, *The Architecture of Red Vienna 1919–1934* (Cambridge, MA, and London, 1989), p. 204. On the role of women, also see Marie-Noelle Yazdanpanah, "Es lebe drum: Die Frau von heut!," in Schwarz et al., *Rotes Wien 1919–1934*, pp. 50ff.

13 On Schütte-Lihotzky, especially see Peter Noever, ed., *Margarete Schütte-Lihotzky: Soziale Architektur; Zeitzeugin eines Jahrhunderts* (Vienna, 1993).

14 On the Einküchenhaus, see Günther Uhlig, *Das Einküchenhaus* (Gießen, 1981). In English, see Günther Uhlig, "On the History of the Einküchenhaus," in *GAM Architecture Magazine* 16 (2020), pp. 24–45.

15 Blau, *The Architecture of Red Vienna 1919–1934*, pp. 327ff.

16 For Hubert Gessner's contribution to Vienna social housing, see Wolfgang Förster, *Wagner-Schule – Rotes Wien: Architektur als soziale Utopie*, exh. cat. Wagner:Werk Museum (Vienna, 2010), pp. 16ff.

Nächste Seite:
Hubert Gessners imposante „Gartenstadt Jedlesee" von 1926 (heute Karl-Seitz-Hof) im 21. Bezirk gehört zu den größten „Superblocks" des Roten Wien. Foto: Wikimedia Commons (BWAG), WStLA

Next page:
Hubert Gessner's imposing "Jedlesee Garden City" from 1926 (today Karl-Seitz-Hof Estate) in the 21st district is among the biggest Red Vienna "superblocks." Photo: Wikimedia Commons (BWAG), WStLA

zept des **Gesamtkunstwerks** verpflichtet: So gestaltete er in seinen besten Bauten – Reumannhof, Lassallehof, Karl-Seitz-Hof – sämtliche Details wie Geländer, Pergolen, keramischen Schmuck, Kandelaber, Türgriffe selbst. Vor allem in der **Gartenstadt Jedlesee** (heute Karl Seitz-Hof) manifestieren sich in der baukünstlerischen Gestaltung durch den Rückgriff auf historische Stile auch „inhaltsgeladene Zitate; dem Recht auf Schönheit, dem Moment ‚Veredelung des Arbeiters‘ wurde sinnfällig Ausdruck verliehen. Gessner wusste um den ‚Erinnerungscharakter aller Kultur‘. Er wusste, dass Zitate – kritisch überdacht – ein Angebot zur Identifizierung darstellen.“[17] Gessner hatte damit den Prototyp des Wiener Gemeindebaus geschaffen, der weltweit kopiert wurde[18], zumal nach dem **Wiener Internationalen Städtebaukongress 1926**.

Auch **Wohnhochhäuser** sind nun erstmals ein Thema: Schon Gessners Reumannhof sollte 1924 im Mitteltrakt „Wiens ersten Wolkenkratzer" beinhalten, doch wurden solche Pläne aus Kostengründen nicht weiterverfolgt. Erst 1932 wurde mit dem **Hochhaus Herrengasse** mitten im historischen Stadtzentrum Wiens von den Architekten Siegfried Theiss und Hans Jaksch Wiens erstes Wohnhochhaus errichtet – freilich für ein sehr zahlungskräftiges Publikum. Erst nach dem Zweiten Weltkrieg wurden auch im sozialen Wohnbau Hochhäuser errichtet.

17   Matuszak-Groß, Stephanie: *Die bildhauerische Ausgestaltung der Wiener Gemeindebauten in der Zeit der 1. Republik*, Diss. phil., Göttingen 1999, S. 7.

18   Selbst in New York findet sich mit dem Amalgamated Housing Estate in Lower Manhattan ein Stück „Wiener Gemeindebau".

<u>Seite 94–95:</u>
Der Haupthof der Gartenstadt Jedlesee nahm in Form und Größe das Oval der Neuen Hofburg am Heldenplatz auf.
Foto: WStLA
<u>Vorherige Seite:</u>
Hochhaus Herrengasse von Theiss-Jaksch, 1927.
Foto: WStLA
<u>Pages 94–95:</u>
The main courtyard of Jedlesee Garden City repeats the oval building of the Neue Hofburg (New Imperial Castle) in its form and size. Photo: WStLA
<u>Previous page:</u>
Herrengasse high-rise by Theiss-Jaksch architects in 1927. Photo: WStLA

Gessner knew about the memorial character of all culture. He knew that quotations—critically reconsidered—are an offer of identification."[17] Gessner had thus created the prototype of Vienna council housing, which was then copied all over the world,[18] particularly after the **1926 Vienna International Urban Planning Conference**.

Also, **residential high-rise buildings** now became topical: Gessner's Reumannhof estate from 1924 had already intended to include "Vienna's first skyscraper" in its center area, but such plans were not implemented due to cost restrictions. As late as 1932, Vienna's first residential high-rise building was planned and realized by the architects Siegfried Theiss and Hans Jaksch at **Herrengasse,** right in the historic center of the city—of course for a very affluent clientele. Only after World War II were high-rise buildings also erected within the social housing program.

17   Stephanie Matuszak-Groß, "Die bildhauerische Ausgestaltung der Wiener Gemeindebauten in der Zeit der 1. Republik" (PhD diss., University of Göttingen, 1999), p. 7.

18   Even New York City has its own piece of "Vienna council housing," which takes the form of the Amalgamated Dwellings in Lower Manhattan.

Exkurs 1: Eine Stadt, chaotisch und unfertig

„Das sieht chaotisch aus, unfertig", bemerkt die Pariser Stadtplanerin, als wir von der Dachterrasse eines Hochhauses auf die Wiener Innenbezirke blicken. „Ja", ist man versucht zu antworten, „so ist Wien" und vielleicht ist das gut so.

Vindobona unterscheidet sich von allen Militärlagern des Römischen Imperiums durch seine äußere Form. Den topografischen Gegebenheiten geschuldet, muss man vom strikt rechtwinkeligen Stadtgrundriss abgehen, wodurch auch die Baublöcke (insulae) unregelmäßig werden. Bis heute ist das am Straßenverlauf im ältesten Teil Wiens erkennbar.

Der Nordturm des Stephansdoms wird nie vollendet, der Dom bleibt mit dem Südturm, einst höchstes Bauwerk der Welt, ein Torso; Schönbrunn wird nie ein zweites Versailles; Otto Wagners großartige Wohnhäuser an der Linken Wienzeile bleiben Solitäre, da der geplante Prachtboulevard nie gebaut wird; dafür erhält sich der als „Provisorium" gedachte Naschmarkt bis heute; unvollendet bleibt auch Gottfried Sempers Kaiserforum; die Ringstraße, Wiens größter Stolz, ist ein seltsamer Kompromiss zwischen einem Boulevard und einer Abfolge repräsentativer Plätze, was schon Zeitgenossen kritisieren, verkehrstechnisch darüber hinaus unsinnig; Otto Wagners Stadtbahn kann sich nicht zwischen U-Bahn und Hochbahn entscheiden; die Rasterviertel der Gründerzeit berücksichtigen alte Flurformen und resultieren in vielen „unpraktischen" Dreiecksplätzen; Friedrich Schmidts imposante Kuppelkirche Maria vom Siege, die in einer anderen Stadt Touristenmassen anziehen würde, wird völlig lieblos auf einem viel zu kleinen Platz am Rand der Gürtelstraße abgestellt; Hubert Gessners grandioser Karl-Seitz-Hof, Prunkstück des Wohnbaus des Roten Wien und in seinem Oval der Neuen Burg am Heldenplatz nachempfunden, teilt später deren Schicksal: der spiegelgleiche Bau entfällt. Vollends „chaotisch" und „unfertig" ist Wien in seinen Außenbezirken, notabene nördlich der Donau – diese selbst mehr gefürchteter Strom als geliebter Fluss –, wo es sich nicht entscheiden kann zwischen penibler Ortskernerhaltung und ambitionierten Neubauprojekten.

Excursus 1: A Chaotic and Incomplete City

"This looks chaotic, incomplete," remarks the Paris city planner as we are looking onto Vienna's inner districts from the roof terrace of a high-rise building. "Yes," one is tempted to answer, "this is Vienna." And maybe that's a good thing.

Vindobona differs from all military camps of the Roman Empire by its shape. Due to the topographic circumstances, the strictly rectangular layout had to be abandoned, making the building blocks (insulae) irregular. This can be recognized in the street pattern of the oldest part of Vienna down to the present day.

The northern spire of St. Stephen's Cathedral has never been completed, thus the cathedral with its southern tower, once the world's tallest building, remains a torso; Schönbrunn will never become a second Versailles; Otto Wagner's magnificent residential buildings at Linke Wienzeile (Left Vienna Row) remain solitary, as the planned representative boulevard has never been built; instead, the "temporary" market at Naschmarkt still exists today; also, Gottfried Semper's Imperial Forum remains incomplete; Ringstrasse, Vienna's greatest pride, is a strange compromise between a boulevard and a succession of representative squares that was already criticized by contemporaries at the time it was built, and that makes no sense in terms of traffic; the grid pattern developments of the nineteenth century respect old settlement forms and result in many "unfunctional" triangular squares; Friedrich Schmidt's imposing domed church of Maria vom Siege (Mary of the Victory), which would attract masses of tourists in other cities, has been placed totally carelessly on a much-too-small square along the Gürtel beltway; Otto Wagner's Stadtbahn cannot decide between being an underground or an elevated railway; Hubert Gessner's grandiose Karl-Seitz-Hof estate, a showpiece of Red Vienna housing that copies, with its oval form, the Neue Burg (Imperial Castle) at Heldenplatz, later shared its destiny, as the mirroring building is missing; and finally, Vienna gets completely "chaotic" and "incomplete" in its peripheral districts, particularly north of the Danube, which has always been more of a river to be feared rather than to be loved—where it cannot decide between careful preservation of the old village cores and ambitious new building projects.

101

Tatsächlich: Der Stephansdom ist nicht die elegante gotische Kathedrale, die Ringstraße nicht der perfekte Boulevard; Brunnen und Säulen stehen offenbar grundsätzlich nicht in der Platzmitte, der Neue Markt wird nie eine Piazza Navona werden, der Donaukanal nicht die Seine –; die Josefstadt oder die Wieden werden nie Kensington; selbst elegante Wohnviertel schaffen es nicht, homogen zu wirken ...

Und doch: Ist es nicht die Unregelmäßigkeit, die den Charme des ältesten Teils der Innenstadt ausmacht? Ist es nicht gerade die Asymmetrie, die den Stephansdom unter den gotischen Kathedralen Europas hervorhebt, zum unverwechselbaren Wahrzeichen der Stadt macht? Ist nicht das Flanieren auf der Ringstraße mit ihren stets wechselnden Perspektiven unterhaltsamer als auf der Rue de Rivoli, der Regent Street oder Unter den Linden? Und machen nicht gerade die Ottakringer Dreiecksplätze mit ihren vielen Schanigärten den Charme dieser gründerzeitlichen Stadtviertel aus? Ja, schaffen nicht auch die Leerstellen der Randbezirke Chancen für neue Aneignungen, Nischen für Experimente, die überraschen?

Wien ist chaotisch und unfertig, besonders auch in seinen Wohnvierteln. Das entspricht nicht ganz den Versprechungen von Hochglanzbroschüren und PR-Agenturen. Man kann nur hoffen, dass es sich diese Eigenheit weiterhin leisten wird.

Indeed: St. Stephen's Cathedral is not an elegant Gothic cathedral, Ringstrasse is not a perfect boulevard, and it seems that as a principle fountains and columns are never placed in the center of a square; the Neuer Markt will never become Piazza Navona, the Donaukanal will not be the Seine; Josefstadt or Wieden will never become Kensington; even elegant residential areas do not succeed in creating a sense of homogeneity.

And yet: Is it not the irregularity which creates the charm of the oldest parts of the inner city? Is it not the asymmetry that distinguishes St. Stephen's among the Gothic cathedrals of Europe? Is not strolling along the Ringstrasse with its ever-changing perspectives more entertaining than walking along the Rue de Rivoli, Regent Street, or Unter den Linden? And is it not the triangular squares of Ottakring with their many Schanigärten (outdoor terraces of restaurants) that create the charm of these nineteenth-century neighborhoods? And, even, do not the blanks of the peripheral areas offer opportunities for new appropriations, for niches of experimentation that surprise us?

Vienna is chaotic and incomplete, particularly in its residential areas. This does not really comply with the promises of glossy brochures and PR agencies. Yet one can hope that Vienna will continue to cultivate this distinctiveness in the future.

VIII

Faschistische Wohnungspolitik

Fascist Housing Policy

Der todkranke Schutzbundführer Koloman Wallisch wird am 19. Februar 1934 auf der Bahre zum Würgegalgen geschleppt. 1938 müssen tausende Juden ihre Wohnungen verlassen. Margarete Schütte-Lihotzky wird zum Tod verurteilt. 3.000 Menschen sterben im Widerstand.

1   Magistrat der Stadt Wien (Hg.): *Wohnungs- und Siedlungs- wesen*, Wien 1937, S. 5 ff.

2   Zu Wien im Nationalsozialis- mus siehe u.a.: Botz, Gerald: *Nationalsozialismus in Wien*, Wien 1997, sowie: Pohanka, Reinhard: *Stadt unter dem Hakenkreuz*, Wien 1938–1945, Wien 1996.

3   Exenberger, Herbert/Koß, Johann/Ungar-Klein, Brigitte: *Kündigungsgrund Nichtarier*, Wien 1996.

4   Dokumentationsarchiv des österreichischen Widerstands (DÖW)

5   Ihre überraschende Freilas- sung aus der Todeszelle ist vermutlich auf eine direkte Intervention Atatürks, für den sie am Bau der Hauptstadt Ankara arbeitete, bei Hitler zurückzuführen.

Vorherige Seite:
Folge von Faschismus und Zweitem Weltkrieg: Der zerstörte Heinrichhof gegenüber der Staatsoper, Architekt Theophil Hansen. Foto: WStLA
Previous page:
The consequence of fascism and World War II: the demolished Heinrichhof opposite the State Opera, designed by the architect Theophil Hansen. Photo: WStLA

Die widerrechtliche Hinrichtung Wallischs zeigt die gnadenlose Hal- tung des Dollfuß-Regimes nach dem Sieg im Bürgerkrieg. Bei den Kämpfen und der Beschießung von Gemeindebauten durch Heimwehr und Bundesheer waren etwa 2.000 Menschen, mehrheitlich Zivilisten, getötet worden, „poli- tisch Unzuverlässige" mussten ihre Gemeindewohnungen räumen. Politische Gegner wurden im Lager Wöllersdorf interniert.

Das Ende der Demokratie in Österreich bedeutete auch das Ende des sozialen Wohnbaus in Wien. Das klerikalfaschistische Regime beschränk- te sich nun auf den Bau von „Familienasylen" für Obdachlose und militärisch organisierte „Nebenerwerbssiedlungen"[1] für Proletarier, die man so in die Landwirtschaft zurückführen wollte. Auch Wohnbauförderung gab es noch – allerdings für teure Eigentumswohnungen wie jene, die im Rahmen einer „Assanierung" anstelle des demolierten Freihauses in der Operngasse errichtet wurden.

Nach der nationalsozialistischen Machtergreifung[2] wurden zehn- tausende Juden und Regimegegner aus den Gemeindebauten, aber auch aus privaten Mietwohnungen ausgesiedelt, später deportiert und ermordet. Da nach dem **Ende des sozialen Wohnbaus im Klerikalfaschismus** und zusätzlich durch den Zustrom tausender Deutscher und Militärs nach dem „Anschluss" in Wien rund 70.000 Wohnungen fehlten, kündigte das städtische Wohnungsamt im Juni 1938 2.000 jüdischen Mietern. Zwischen März und Mai 1938 wurden **mehr als 44.000 Wohnungen „arisiert".**[3] Im April 1939 wurden jüdische Mieter verpflichtet, andere Juden in ihre Wohnungen auf- zunehmen. Es entstanden bis zum Beginn der Deportationen **Sammel- wohnungen**, darunter eine in der ehemaligen Wohnung Sigmund Freuds, der bereits nach London geflüchtet war.

Bis 1945 wurden etwa 3.000 Menschen als Widerstandskämpfer hingerichtet.[4] Auch die berühmte Architektin Margarete Schütte-Lihotzky, im kommunistischen Widerstand tätig, wurde zum Tod verurteilt.[5] Andere Archi- tekten des Roten Wien arrangierten sich mit den neuen Machthabern, unter ihnen Karl Ehn, der Entwerfer des Karl-Marx-Hofes. Rudolf Perco, Architekt des Gemeindebaus am Friedrich-Engels-Platz, wurde sogar Leiter des

On February 29, 1934, Koloman Wallisch, the fatally ill leader of the (Social Democratic) Schutzbund, is carried to the garrote on a stretcher. In 1938, thousands of Jewish tenants are forced to leave their apartments. Margarete Schütte-Lihotzky is sentenced to death. 3,000 people are executed as resistance fighters.

Koloman Wallisch's unlawful execution showed the merciless attitude of the Dollfuß regime after the victory in the Austrian civil war. About 2,000 people—mostly civilians—had been killed during the fighting when the *Heimwehr* (the fascist paramilitary group) and the federal army shelled the council housing estates. "Politically unreliable individuals" had to vacate their community homes. Political opponents were interned in the Wöllersdorf concentration camp.

The end of democracy in Austria also meant the **end of social housing construction in Vienna**. The clerical-fascist regime limited itself to the construction of very simple "family asylums" for the homeless and the military-style "part-time farming settlements"[1] for proletarians to be brought back to agriculture. But housing subsidies still existed, even if only for high-end home ownership, as in the case of the Operngasse development, which replaced the demolished old "Freihaus" in the framework of "urban renewal."

After the Nazi seizure of power,[2] tens of thousands of Jewish tenants and political opponents were forced to leave council housing or even private rental apartments. As **the clerical-fascist regime had stopped the social housing program**, and after the German occupation (*Anschluss*), thousands of Germans and military staff moved to Vienna, so some 70,000 homes were missing. In June 1938, the municipal housing administration gave notice of eviction to 2,000 Jewish tenants. From March to May 1938, about **44,000 homes were "Aryanized."**[3] In April 1939, Jewish tenants were obliged to take other Jews into their apartments. Thus **Sammelwohnungen** (collective apartments) were created until the start of the deportations, one even in the former home of Sigmund Freud, who had already fled to London.

By 1945, some 3,000 people had been executed as resistance fighters.[4] The famous architect Margarete Schütte-Lihotzky, a member of the Communist resistance movement, was sentenced to death.[5] Other architects of Red Vienna came to terms with the new rulers, among them Karl Ehn, the designer of the Karl-Marx-Hof. Rudolf Perco, the architect of the municipal building on Friedrich-Engels-Platz, even became head of the **Nazi building department**

1   Magistrat der Stadt Wien, ed., *Wohnungs- und Siedlungswesen* (Vienna, 1937), pp. 5ff.

2   On Vienna during National Socialism, see Gerald Botz, *Nationalsozialismus in Wien* (Vienna, 1997) and Reinhard Pohanka, *Stadt unter dem Hakenkreuz: Wien 1938–1945* (Vienna, 1996), among others.

3   Herbert Exenberger, Johann Koß, and Brigitte Ungar-Klein, *Kündigungsgrund Nichtarier* (Vienna, 1996).

4   Documentation Centre of Austrian Resistance (DÖW).

5   Her surprising release from the death cell was presumably due to Atatürk, for whom she worked in the new capital of Ankara, directly intervening with Hitler.

Der Schlingerhof in Floridsdorf
(21. Bezirk) nach dem Beschuss
im Februar 1934. Architekten: Hans
Glaser und Karl Scheffel, Foto: WStLA
Schlingerhof Estate in Floridsdorf
(21st district) after the cannonade
in February 1934. Architects:
Hans Glaser and Karl Scheffel,
photo: WStLA

Beschießung von Gemeinde-
bauten durch das Bundesheer
im Februar 1934. Foto: WStLA/
Gauarchiv
Cannonade of council housing
by the Austrian national army
in February 1934. Photo: WStLA/
Gauarchiv

Karl-Marx-Hof nach dem
Beschuss am 12. Februar 1934,
Architekt Karl Ehn.
The Karl-Marx-Hof estate
after the cannonade on
February 12, 1934, designed
by the architect Karl Ehn.

NS-Baureferats für Groß-Wien. Dessen Pläne hätten mit einem riesigen „Gauforum" einen großen Teil des 1. Bezirks zerstört und durch eine „Schließung" der Ringstraße über den Donaukanal hinweg den einst jüdischen 2. Bezirk weitgehend demoliert.[6]

Das NS-Regime baute in Wien kaum neue Wohnungen. Ausnahmen bildeten einige Siedlungen für SS-Angehörige. Am Ende des Krieges waren durch Bombardements **80.000 Wohnungen zerstört** worden[7], mehr als das Rote Wien gebaut hatte.

6   Siehe u. a.: Holzschuh, Ingrid: *Wiener Stadtplanung im Nationalsozialismus von 1938 bis 1942*, Wien 2011.

7   Eine noch stärkere Zerstörung der Stadt wurde durch die Widerstandsbewegung verhindert, die vor dem Eintreffen der Alliierten die Wehrmacht weitgehend entwaffnet hatte und damit längere Straßenkämpfe unmöglich machte. Siehe u. a.: Bouchal, Robert/ Sachslehner, Johannes: *Angriff auf Wien. Das Kriegsende 1945*, Wien 2015.

Vorherige Seite:
Der Hauptfluss der Donau um 1956: Das große Areal des Nordbahnhofs (links unten) ist mittlerweile zu einem Wohngebiet geworden. Anstelle des Überschwemmungsgebietes nördlich der Donau befinden sich heute Wiens größte Naherholungsgebiete die Donauinsel und die „Neue Donau", während rund um die Alte Donau (rechts) schon früh Wohngebiete entstanden, darunter mit dem Goethe-Hof einer der „Superblocks" des Roten Wien. Foto: Open Government Wien, MA 41

Previous page:
The main Danube River around 1950: the large area of the former Northern Railway Station (lower left) has now become a housing area. The inundation area north of the Danube has been replaced by Vienna's largest inner-city recreation area, the Danube Island and the "New Danube," while the "Old Danube" (right) had already earlier been surrounded by housing areas—among them, the Goethe-Hof Estate, one of the Red Vienna "superblocks." Photo: Open Government Wien, MA 41

for Greater Vienna. His plans would have destroyed a large part of the 1st district with a huge *Gauforum* and largely demolished the once Jewish 2nd district by "closing" the Ringstrasse across the Danube Canal.[6]

The Nazi regime built almost no new apartments in Vienna, with the exception of some settlements for the families of SS personnel. By the end of the war, some **80,000 apartments had been destroyed** by bombing[7]—more than Red Vienna had built.

6   See, for instance, Ingrid Holzschuh, *Wiener Stadtplanung im Nationalsozialismus von 1938 bis 1942* (Vienna, 2011).

7   More destruction was prevented as the Resistance Movement had partly disarmed the German Wehrmacht and SS before the arrival of the Allied Forces, thus preventing long street fights. See, for instance, Robert Bouchal and Johannes Sachslehner, *Angriff auf Wien: Das Kriegsende 1945* (Vienna, 2015).

Nachkriegszeit und Wiederaufbau: Vom sozialen Wohnbau zum sozialen Städtebau

The Postwar Period and Reconstruction:
From Social Housing to Social Urbanism

Chruschtschow und Kennedy plaudern in Wien. Wiens Stadterneuerung erhält den „Oscar". In London sterben fast 12.000 Menschen im Smog.

Das Gipfeltreffen von John F. Kennedy und Nikita Chruschtschow im Juni 1961 markierte nicht nur das nahe Ende des Kalten Kriegs, sondern auch Wiens wachsende Bedeutung in der internationalen Politik, die mit dem Bau der UNO-City ab 1973 deutlich wurde.

Im Wohnbau hatte die nun neuerlich von den Sozialdemokraten regierte Stadt schon wenige Monate nach der Befreiung an die Politik des Roten Wien angeschlossen. In einer **Wiederaufbau-Enquete** wurde klargelegt, man dürfe den Wohnbau „nicht dem privaten Profitstreben überlassen". Die Stadt, von Kriegsschäden, Hunger und der Teilung in vier Sektoren betroffen, nahm umgehend ihr kommunales Wohnbauprogramm wieder auf. Wenn auch die Nachkriegsbauten nur selten die architektonische Qualität der 1920er-Jahre erreichten, war die Quantität beeindruckend. Jährlich entstanden nun bis zu 10.000 Mietwohnungen, darunter große Wohnhausanlagen wie der **Hugo-Breitner-Hof**, benannt nach dem legendären Finanzstadtrat, der das Rote Wien möglich gemacht hatte, und die **Per-Albin-Hansson-Siedlung (PAH)** am südlichen Stadtrand, die als Dank für die großzügige Hilfe Schwedens nach dessen Ministerpräsidenten benannt wurde. Hier kamen auch die neuen „Pax-Ziegel" zum Einsatz, die mit schwedischen Maschinen aus dem Schutt zerstörter Innenstadtgebäude hergestellt wurden. Mit der PAH wurde ein entscheidender Schritt vom sozialen Wohnbau zum **sozialen Städtebau** mit einer Fülle sozialer und kultureller Einrichtungen gesetzt. In den 1970er-Jahren führte die Kritik an der zunehmenden Eintönigkeit der meist in **Fertigteilbauweise** errichteten Wohnsiedlungen – wie **der Großfeldsiedlung** im 21. Bezirk (ab 1966) mit ihren mehr als 5.500 Wohnungen – allmählich zu einer größeren architektonischen Vielfalt. Es entstanden experimentelle und themenorientierte Bauwerke, wie die Terrassentürme von **Alt-Erlaa** des Architekten Harry Glück für die Gesiba (1976), die sich den neuen gesellschaftlichen Herausforderungen stellten. Immer mehr ging die Stadt nun dazu über, anstelle des Baus von Gemeindewohnungen mit gemeinnützigen Wohnbauträgern zu kooperieren.

Mitte der 1970er-Jahre sah man den quantitativen Bedarf erfüllt und konnte die finanziellen Mittel auf die Sanierung innerstädtischer Wohnviertel umleiten. Wiens „**sanfte Stadterneuerung**" begann mit der Einrichtung der ersten **Gebietsbetreuung** in Ottakring im Jahr 1974. Zehn Jahre später wurde mit dem Stadterneuerungsfonds (heute **Wohnfonds Wien**) die finanzielle und organisatorische Grundlage für das weltgrößte Wohnhaussanierungsprogramm geschaffen, das 2005 von UN-Habitat mit dem

Vorherige Seite:
Mit dem Wohnpark Alt-Erlaa für die Gesiba schuf Harry Glück 1976 neue Standards im geförderten Mietwohnungsbau.
Foto: Christian Fürthner
Previous page:
With the Wohnpark Alt-Erlaa Estate for Gesiba, Harry Glück created new standards in subsidized rental housing in 1976.
Photo: Christian Fürthner

Khrushchev and Kennedy chat in Vienna. Vienna's urban renewal program is awarded an "Oscar." Almost 12,000 people die in the London smog.

The June 1961 summit of John F. Kennedy and Nikita Khrushchev marked not only the near end of the Cold War but also Vienna's increasing role in international politics, which became obvious with the construction of the Vienna UN Offices (Vienna International Center or UNO City) as of 1973.

In housing, the municipality, which was again governed by the Social Democrats, had again taken up Red Vienna's policy immediately after the liberation in 1945. In a **"Reconstruction Conference,"** it was clearly stated that "housing must not be left to the private quest for profit." The city, hit by war damage, famine, and the division into four allied sectors, relaunched its social housing program immediately. While the postwar developments rarely achieved the high architectural quality of the 1920s, the sheer number of built projects was nonetheless impressive, with up to 10,000 rental apartments built annually. Examples of large developments include the **Hugo-Breitner-Hof** estate, named after the legendary Councilor of Finance who had made Red Vienna possible, and the **Per-Albin-Hansson (PAH)** estate on the southern periphery, which, as an expression of gratitude to Sweden for its support after World War II, was named after its prime minister. In the latter case, the new "Pax bricks," which were produced on Swedish machines from the debris of destroyed inner-city buildings, were used. With PAH, an important step from mere social housing to social urbanism, with an abundance of social and cultural services, was taken. In the 1970s, the critique of the often-monotonous **prefabricated blocks**—such as the **Großfeldsiedlung** in Vienna's 21st district (from 1966) with its more than 5,500 apartments—gradually led to greater architectural diversity with experimental or "theme-oriented" developments, such as the terraced towers of **Alt-Erlaa** by Harry Glück for Gesiba (1976), which addressed new societal challenges. Step by step, the city now switched from council housing to cooperating with limited-profit housing associations.

In the mid-1970s, the quantitative housing need seemed to be satisfied, and financial means could be transferred to the urban renewal of inner-city districts. Vienna's **"gentle urban renewal"** started in 1974 when the first *Gebietsbetreuung* (area renewal office) was opened in Ottakring. Ten years later, the foundation of the **Wohnfonds Wien** (housing fund) created the financial and organizational means for the world's biggest housing renewal program, which was awarded the **"Scroll of Honor"** by UN Habitat—the "Housing Oscar"—for the world's best housing-renewal scheme. Since 2005, an important part of this has been subsidized *"Blocksanierung"* (block

117

1   Die Blocksanierung wurde
    1988–1991 vom Autor ge-
    meinsam mit August Fröhlich
    entwickelt.

2   Zum aktuellen geförderten
    Wohnbau siehe insbesondere:
    Förster, Wolfgang/Menking
    William: *Das Wiener Modell/
    The Vienna Model*, Berlin 2015,
    sowie Förster, Wolfgang/
    Menking William: *Das Wiener
    Modell 2*, Berlin 2018.

3   Die Kriterien der Sozialen
    Nachhaltigkeit wurden 2007
    vom Autor definiert.

„**Scroll of Honour**" – dem „Wohnbau-Oscar" für das weltbeste Stadterneue-
rungsprogramm ausgezeichnet wurde. Wichtiger Bestandteil ist die geförderte „**Blocksanierung**"[1], bei der mehrere private Wohnhäuser in einem gemein-
samen Sanierungskonzept zusammengefasst werden. Oberster Grundsatz
der sogenannten „**Sockelsanierung**" war und ist, durch eine partizipative
Vorgangsweise und durch Förderungen die Verdrängung weniger zahlungs-
kräftiger Mieter durch Luxussanierungen zu verhindern. Bei der Sanierung
der alten Gemeindebauten wurden durch Wohnungszusammenlegungen und
Dachgeschoßausbauten im Sinne einer sozialen Durchmischung auch größere und etwas teurere Wohnungen geschaffen. Wichtig war hier auch der Zu-
bau von Aufzügen – angesichts der ausnahmslos unter Denkmalschutz stehenden Gemeindebauten eine besondere architektonische Herausforderung.

Was Wien von anderen Großstädten unterscheidet, ist das immer
noch starke Bekenntnis zu einem öffentlichen Wohnbau. Trotz weltweiter neo-
liberaler Tendenzen verzichtete die Stadt auf jede Privatisierung von Sozialwohnungen und baute ihr gefördertes Wohnbauprogramm sogar noch aus;
mit dem Ergebnis, dass heute fast zwei Drittel der Bevölkerung im geförderten Wohnbau leben und dass die durchschnittlichen Mieten weit unter jenen
in anderen europäischen Großstädten liegen.[2]

Welche Auswirkungen auf eine ganze Stadt schlechte Planung und
Wohnverhältnisse haben können, zeigte wie schon im 19. Jahrhundert wieder
einmal London. Vom 5. bis 9. Dezember 1952 kam es aufgrund einer Inver-
sionswetterlage zum bis dahin stärksten Smog. Zeitungsberichten zufolge
betrug die Sichtweite nur noch 30 cm; Fußgänger mussten Taschenlampen
benutzen. Ursache waren die Kohleheizungen, Fabriken mitten in den Wohn-
gebieten und der zunehmende Autoverkehr. Innerhalb von 5 Tagen starben
fast 12.000 Menschen an Vergiftungen, die meisten auf der Straße, viele auch
in den mangelhaft abgedichteten Häusern. Die Katastrophe führte weltweit
zu Maßnahmen im Planungs- und Umweltbereich. Auch in Wien setzte die
Stadtplanung unter Roland Rainer nun verstärkt auf eine räumliche Trennung
von Wohnen und Arbeiten, wie sie schon in der Charta von Athen verlangt
worden war. Erst in den 1990er-Jahren ging man davon wieder ab.

Einen besonders wichtigen Schritt setzte Wien 1985 mit der Einführung der **Bauträgerwettbewerbe**, zunächst nach einem „Dreisäulenmodell"
(Architektur, Ökonomie, Ökologie), das 2007 durch Hinzufügen der Sozialen
Nachhaltigkeit[3] zum „**Viersäulenmodell**" wurde. Grundprinzip dabei ist es, in
einem von der Stadt ausgelobten Wettbewerb für ein Grundstück – oft mit
spezieller Themenstellung – von einem Planungsteam, bestehend aus dem
Bauträger, Architekten, Freiraumplanern und anderen Fachleuten, ein kom-
plettes Projekt zu erhalten, das von einer interdisziplinären Fachjury beurteilt wird. Dabei sind alle „Säulen" gleichwertig. Bei kleineren Projekten unter
300 Wohneinheiten entfällt der Wettbewerb, doch muss das Projekt von einer
Jury (**Grundstücksbeirat**) ebenfalls nach den vier Säulen beurteilt werden.
Durch dieses System konnte eine deutliche Qualitätssteigerung bei gleich-

rehabilitation),[1] where several private properties are combined in one renewal scheme. The overriding principle of these rehabilitation schemes has always been the so-called *Sockelsanierung*, which involves preventing the displacement of less solvent tenants by luxury renovations through a participatory approach and subsidies. When rehabilitating the old council housing estates, in order to improve the social mix with larger and slightly more expensive flats, small apartments are merged and new ones built in the **attics**. It was also important to add elevators—a particular architectural challenge in these buildings, which are without exception listed monuments.

What distinguishes Vienna's housing policy from that of other big cities is its **continuing commitment to public housing**. In spite of global neoliberal tendencies, the city renounced the privatization of social housing and even expanded its subsidized housing program, with the result that today almost two thirds of the population live in subsidized housing and that average rents are far below those in other major European cities.[2]

What effects bad planning and housing conditions can have on a whole city was once again shown by London, as already in the nineteenth century. In December 5–9, 1952, an inversion weather situation caused the strongest smog recorded up to that date. According to newspaper reports, visibility was only 30 centimeters; pedestrians had to use flashlights. The reasons were the coal heating systems, factories in the middle of residential areas, and increasing car traffic. Within five days, almost 12,000 people died of poisoning, most of them on the streets, many also in the poorly sealed houses. The disaster led to planning and environmental measures worldwide. In Vienna, too, urban planning under Roland Rainer now increasingly focused on a spatial separation of living and working areas, as already demanded by the Athens Charter. It was not until the 1990s that this idea was abandoned.

A particularly important step was taken in 1985 with the introduction of **developers' competitions** based on a "three pillar model" (architecture, economy, ecology), which was turned into a "**four pillar model**" in 2007 by adding social sustainability.[3] The basic principle here is to arrive at a complete project in a competition tendered by the municipality for a plot of land—often with a special theme—designed by a planning team consisting of the developer, architects, landscape planners, and other experts, which is then judged by an interdisciplinary jury of experts. All "pillars" are of equal value. For smaller projects under 300 residential units, the competition is omitted, but the project must also be judged by a jury ("property advisory board") according to the four pillars. Through this system, a significant increase in quality has been achieved, while at the same time stabilizing costs. This system, which since then has been applied to 7,000 to 13,000 apartments per year, is now being copied worldwide.[4]

One such development became the most important field of experimentation in urban planning and housing: **aspern Seestadt**,[5] built since 2010

1   Block rehabilitation was developed by the author together with August Fröhlich between 1988 and 1991.

2   On the current situation of subsidized housing, see Wolfgang Förster and William Menking, *Das Wiener Modell/The Vienna Model* (Berlin, 2015); and Wolfgang Förster and William Menking, *Das Wiener Modell 2/The Vienna Model 2* (Berlin, 2018).

3   The criteria for social sustainability were defined by the author in 2007.

4   For current reports, see www.push-c.at.

5   See, for instance, Wohnservice Wien, ed., *next stop: Aspern. Die Seestadt Wiens; Reiseführer* (Vienna, 2015).

Bestandsentwicklung Neubaugasse, 7. Bezirk in Wien.
Architektur: riedl architekten (Wolfgang Riedl,
Peter Kohout), Fotos: Markus Wache
Developing existing housing stock, Neubaugasse,
7th district of Vienna. Architecture: riedl architekten
(Wolfgang Riedl, Peter Kohout), photo: Markus Wache

Mit Wohnhausanlagen wie dem Bundesländerhof (1966)
im 22. Bezirk setzte Wien sein großes Fertigteilbauprogramm um.
Architekten: Peter Payer und Oskar Payer, Foto: WStLA
With estates like "Bundesländerhof" (Federal States Estate, 1966)
in the 22nd district, Vienna implemented its big prefabricated
housing program. Architects: Peter Payer and Oskar Payer,
photo: WStLA

zeitiger Kostenstabilisierung erreicht werden. Das System, das jährlich auf etwa 7.000 bis 13.000 Wohnungen angewendet wird, wird heute weltweit kopiert.[4]

Zum wichtigsten Experimentierfeld der Stadtplanung und des Wohnbaus wurde die **Seestadt Aspern**[5], ab 2010 auf dem ehemaligen Flugfeld errichtet. Architekt Johannes Tovatt gewann den Wettbewerb für den Masterplan rund um den namensgebenden künstlichen See. Obwohl weit vom Zentrum Wiens gelegen, ist dieses mit der U-Bahn in rund 20 Minuten erreichbar. Kaum länger braucht man in das Stadtzentrum von Bratislava, eine ideale Voraussetzung für die Ansiedlung von Unternehmen. Denn die Seestadt sollte keinesfalls eine Schlafstadt werden, sondern bei ihrer Fertigstellung – voraussichtlich 2030 – neben rund 20.000 Einwohnern ebenso viele Arbeitsplätze bieten. Wichtig war den Planern rund um die Entwicklungsgesellschaft 3420 außerdem eine kleinräumige funktionale und soziale Durchmischung. Erdgeschoße sollten mit Geschäften und öffentlichen Einrichtungen ein lebhaftes Straßenbild erzeugen und Flaneure anziehen. Ein großes Einkaufszentrum war daher ebenso ausgeschlossen wie Tiefgaragen unter jedem Haus. Bei den Wohnhäusern wurde ein abwechslungsreiches, möglichst urbanes Erscheinungsbild durch zahlreiche Bauträgerwettbewerbe angestrebt. Zu den gelungensten Wohnbauten zählen jene der Architekturbüros Querkraft, Peter Scheifinger für die Sozialbau AG mit einem eindrucksvollen Dachschwimmbad an der Janis-Joplin-Promenade, und S&S Architekten. Auch sozial sind die Wohnbauten unterschiedlich: von Gemeindewohnungen und geförderten Mietwohnungen, aber auch teureren Eigentumswohnungen bis hin zu Wohngemeinschaften – teilweise mit Betreuungsangeboten – und Studentenheimen; oder im ökologischen Sinn: von Niedrigenergie- über Passivhäuser bis zu Plusenergiegebäuden.[6] Ein Wahrzeichen stellt das „**HOHO**" von Architekt Rüdiger Lainer dar, das weltweit höchste Holzgebäude mit 24 Stockwerken und einer gemischten Nutzung. Um die Bildung einer Bewohnergemeinschaft zu fördern, bietet ein eigenes **Stadtteilmanagement** zahlreiche Aktivitäten an. Mehrere Schulen und eine Volkshochschule ergänzen das fußläufige Angebot. Im noch zu errichtenden Nordteil der Seestadt, der auch das IBA-Gebiet beinhaltet, liegt ein Schwerpunkt auf Sport- und Freizeiteinrichtungen, außerdem soll hier auf rund 10.000 m² der interkonfessionelle, von 10 Religionsgemeinschaften getragene „**Campus der Religionen**" realisiert werden – ein Zeichen der in Wien gelebten Toleranz.[7] Ebenfalls symbolische Bedeutung kommt der Benennung sämtlicher öffentlicher Flächen nach Frauen zu – meist künstlerische oder wissenschaftliche Pionierinnen oder Widerstandskämpferinnen gegen den Nationalsozialismus – um das diesbezügliche Defizit in Wien zu kompensieren. Den zentralen Hanna-Ahrendt-Platz umgibt eine Mauer mit dem Ahrendt zugeschriebenen Ausspruch „Kein Mensch hat das Recht zu gehorchen".

Zu den innovativen Wohnungen gehören die sogenannten „**Smart-Wohnungen**"[8], die seit 2012 in allen geförderten Wohnbauten – zu jeweils 50 % – angeboten werden müssen: kleinere Wohnungen mit kompakten

---

4   Siehe dazu die Berichte auf www.push-c.at.

5   Siehe u. a.: Wohnservice Wien (Hg.), *next stop: aspern. Die Seestadt Wiens. Reiseführer*, Wien 2015.

6   Während Passivhäuser ohne Heizung auskommen, produzieren Plusenergiehäuser mehr Energie als sie verbrauchen.

7   Die 10 Religionsgemeinschaften haben 2019 entsprechende Absichtserklärungen unterschrieben.

8   Das Konzept der Smart-Wohnungen wurde in den Jahren 2007–2010 vom Autor für Wohnbaustadtrat Michael Ludwig entwickelt.

on the site of a former airfield. The Swedish architect Johannes Tovatt won the competition for the master plan for the area around the eponymous artificial lake. Although far away from the city center of Vienna, it can be reached by subway in about twenty minutes. It does not take much longer to the city center of Bratislava—an ideal location for commerce. Indeed, the Seestadt was by no means meant to become a dormitory city, but when it is completed—presumably in 2030—it will offer just as many jobs along with its 20,000 inhabitants. It was also important to the planners around the development company 3420 that there should be a **small-scale functional and social mix**. The ground floors with shops and public institutions are intended to be lively and attract strollers. Therefore, a large shopping mall was out of question, as was underground parking under each building. Concerning the residential buildings, a diversified and highly urbane appearance was aimed at through the numerous developers' competitions. The best housing estates include buildings by Querkraft Architects, by Peter Scheifinger for Sozialbau AG with an impressive rooftop swimming pool at Janis-Joplin-Promenade, and by S&S Architects. **Diversity** was also aimed at in a social sense: from council housing flats and subsidized affordable rental apartments, but also more expensive condos, to shared apartments—some with care services—and student residences, or, in an ecological sense: from low-energy buildings via passive housing to energy-plus buildings.[6] There is also a new landmark: **HOHO** (an acronym for *Holzhochhaus*, that is, literally: timber high-rise building) by the architect Rüdiger Lainer, the world's tallest timber building with twenty-four floors and mixed use. To support community building, the **Area Management** offers a lot of activities. Several schools and an adult education center complete the offer within walking distance. In the northern part of Seestadt, which also includes the IBA area, and which is still to be built, the focus will be on sports and leisure facilities. Also here, on 10,000 m², the "**Campus of Religions**" will be built by ten religious communities, as a sign of lived tolerance in Vienna.[7] A similarly symbolic meaning is achieved by naming all public spaces after women—mostly pioneers in the arts or in the sciences or anti-Nazi resistance fighters—to compensate for the related deficit in Vienna. The central square, Hanna-Arendt-Platz, is surrounded by a wall with a statement attributed to Arendt: "Nobody has the right to obey."

Another innovative type of housing was created through the so-called "**smart apartments**,"[8] which have had to be offered in each subsidized estate since 2012—at least 50 percent of the apartments in each building: small apartments with compact floor plans, to be let at the costs of council housing, the smaller floor area to be compensated by more generous shared areas. The aim was to generate more affordable housing without creating social ghettos. Starting in mid-2019, the share was to be increased to 50 percent. One of the first projects with smart apartments was the estate planned by Geiswinkler & Geiswinkler Architects for the developer Heimbau in the **Sonnwendviertel** (2012).

6   While passive houses can exist without heating, energy-plus buildings produce more energy than they consume.

7   An agreement was signed by the ten religious communities in 2019.

8   The concept for smart apartments was developed by the author for Housing Councilor Michael Ludwig in 2007–10.

Grundrissen, die zu den Kosten von Gemeindewohnungen vermietet werden, wobei die geringere Wohnfläche durch großzügigere Gemeinschaftsflächen kompensiert wird. Ziel ist es, mehr leistbare Wohnungen zu schaffen, ohne dadurch Sozialghettos zu erzeugen. Ab Mitte 2019 wurde der Anteil in allen geförderten Neubauten auf 50 % gesteigert. Zu den ersten Wohnbauten mit Smart-Wohnungen gehörte der Wohnbau von Geiswinkler & Geiswinkler Architekten für den Bauträger Heimbau im **Sonnwendviertel** (2012).

Auch die Planung der Grün- und Freiräume spielt nun eine gleichwertige Rolle, da Landschaftsplaner Teil der Teams für Bauträgerwettbewerbe sein müssen. Einige der neuen Wohngebiete sind daher stark von der Landschaftsplanung geprägt – darunter etwa **In der Wiesen** für den Bauträger Wien-Süd (Landschaftsplanung durch Auböck-Karasz) und **Karree St. Marx** (3:0 Landschaftsplaner).

Also, the planning of public green areas is now playing an equal role in new housing developments as landscape planners must be included in the teams for developers' competitions. Some new developments are in fact strongly characterized by the careful planning of open spaces: **In der Wiesen** (landscape planning by Auböck-Karasz) or **Karree St. Marx** (3:0 landscape architects), to name just a few.

Exkurs 2: IBA_Wien „Neues soziales Wohnen", Internationale Bauausstellung 2020–2022

Tausende Experten beteiligen sich an der Entwicklung des „neuen sozialen Wohnens".

Im Februar 2016 fand an der TU Wien die Startveranstaltung der IBA_Wien statt[1]. Ziel war es, dem Wiener Modell des sozialen Wohnbaus durch ein innovatives Bauprogramm neue Impulse zu geben, wobei Experten aus unterschiedlichen Disziplinen ebenso in die Entwicklung miteinbezogen werden wie Vertreter der Zivilgesellschaft. Als Diskussionsmedium bewährten sich insbesondere die öffentlichen IBA-Talks mit tausenden Teilnehmern. Da gleichzeitig mehrere IBAs stattfinden (Basel, Stuttgart, Parkstad, Thüringen, Heidelberg), findet im Rahmen eines eigenen „IBA meets IBA"-Programms ein regelmäßiger Erfahrungsaustausch statt.

1 Die Idee zur IBA_Wien wurde vom Autor in den Jahren 2012–2015 für den damaligen Wohnbaustadtrat Michael Ludwig entwickelt. Zum aktuellen Stand der IBA-Projekte siehe www.iba-wien.at.

Warum eine IBA für Wien?

Wien verfügt über eine fast einhundertjährige erfolgreiche Erfahrung mit sozialem Wohnungsbau, was in dieser Form weltweit einmalig ist und auch entsprechend anerkannt wird. Dennoch steht auch Wien angesichts der Auswirkungen globaler Entwicklungen vor ernst zu nehmenden Herausforderungen:

- **Anhaltend starkes Bevölkerungswachstum**
  Die seit Beginn der 2000er-Jahre jährliche Zunahme der Wiener Bevölkerung hat sich in jüngster Zeit sogar noch mehr erhöht und verschärft somit den Druck auf die Errichtung öffentlicher Einrichtungen und natürlich auch auf die Bereitstellung von Wohnraum. Bis 2025 sollen rund 100.000 Wohnungen errichtet werden. Damit verbunden sind die erforderlichen technischen und sozialen Vorkehrungen. Die anerkannt hohen Qualitätsstandards in Wien werden dadurch auf den Prüfstein gelegt und es gilt innovative und kreative Antworten zu finden auf den vorschnellen Ruf nach Reduktion dieser Qualitäten.

Excursus 2: IBA_Vienna, "New Social Housing" 2020–2022, International Building Exhibition

Thousands of experts take part in the development of "new social housing."

1   The concept for IBA_Vienna was developed by the author for the housing councilor Michael Ludwig in 2012–15. For the current state of IBA projects, see: www.iba-wien.at.

In February 2016, the kick-off event for the IBA_Vienna took place at Vienna University of Technology.[1] The aim is to give the Vienna model of social housing new impulses through an innovative housing construction program, with experts from various fields and members of civil society involved. Especially the regular public IBA Talks have proved to be a successful medium for discussion, with thousands of participants. Since several International Building Exhibitions (Basel, Stuttgart, Parkstad, Thüringen, Heidelberg) are taking place at the same time, a regular exchange of experiences has been organized within an "IBA meets IBA" program.

Why an IBA for Vienna?

Vienna has a hundred-year history of successful experience with social housing policy which is unique and acknowledged around the world. Still, Vienna has also been facing new challenges due to the effects of global developments:

- **Continuously Strong Population Growth**
  The growth of the Vienna population since 2000 has been even stronger recently, strengthening the pressure to build public facilities and focus on housing construction. By 2025, some 100,000 homes have to be built, in connection to the necessary technical and social provisions. The acknowledged high standards in Vienna will thus be tested, and innovative and creative answers will have to be found to counteract the quick call for a reduction of these qualities.

- **Aging Population**
  Although, as a consequence of migration, Vienna is now becoming younger, the number of the elderly or very old is increasing. The

- **Alterung der Bevölkerung**
  Auch wenn Wien derzeit aufgrund der Zuwanderung durchschnitt-
  lich jünger wird, steigt die Zahl der älteren und hochaltrigen Menschen. Diese will die Stadt möglichst lange in normalen, also selbst-
  ständigen und nicht ghettoisierten Wohnverhältnissen belassen.
  Bisher ist das mittels unterschiedlicher Modelle gut gelungen.
  Dennoch wird sich die Frage stellen, wie zeitgemäße Wohnformen
  für diese Bevölkerungsgruppe aussehen können, welche Möglichkeiten das Generationenwohnen bietet und ob unsere derzeitigen
  Modelle und Standards zukunftstauglich sind.

- **Funktionale Durchmischung**
  Es wird sich in Zukunft verstärkt die Frage stellen, wie unter stei-
  gendem Kostendruck durch kreative Lösungen urbane Vielfalt,
  flexibel (um)nutzbare Gebäude („Stadthäuser") und belebte Erd-
  geschoßzonen sichergestellt werden können. Wie werden etwa
  Nahversorgungs- und sonstige Handelsbetriebe bei weiterer Zunahme des Onlinehandels überleben können und welche Rolle
  werden Mobilität und öffentlicher Raum dabei spielen?

- **Soziale Durchmischung**
  Globale (Wirtschafts-) Entwicklungen wirken sich auch auf Wien
  aus, u. a. ist daher mit einer größeren sozialen Segregation zu
  rechnen. Kann der Wohnbau dazu beitragen, diese nicht auch zu
  einer sozialräumlichen Segregation werden zu lassen?
  Mittlerweile sind im Neubau und in der Wohnhaussanierung zahlreiche innovative Projekte mit mehreren tausend Wohnungen im
  Bau (siehe auch Kapitel X).

municipal administration wants these residents to live as long as possible in normal conditions, that is, in an independent and non-ghettoized state. This has been very successful so far thanks to various models. However, the question arises as to how to provide contemporary ways of living and of intergenerational housing, and whether our current models and standards are fit for the future.

- **Functional Mixing**
  In the future, the question will increasingly arise as to how, under increasing cost pressure, creative solutions can ensure urban diversity, flexibly (re)usable buildings ("Stadthäuser," or literally "urban houses"), and vitalized ground-floor zones.
  For example, how will local supply and other commercial enterprises be able to survive if online commerce continues to increase? And what role will mobility and public space play in this process?

- **Social Mixing**
  Global (economic) developments are having an effect on Vienna as well, resulting, for instance, in more social segregation. Can housing help to prevent this from also resulting in sociospatial segregation? Meanwhile, in contexts of both new build and housing refurbishment, numerous innovative projects with thousands of apartments are being constructed (see chapter X).

Innovation im Wohnbau

Innovation in Housing

100.000 Menschen drängen sich durch kleine Reihenhäuser. Architektur erlebt einen Paradigmenwechsel. Commons werden private Wohnflächen ersetzen.

1   Zur Planungsgeschichte der
     Werkbundsiedlung siehe v. a.:
     Nierhaus, Andreas/Orosz,
     Eva-Maria (Hg.): *Die Wiener
     Werkbundsiedlung 1932*,
     Wien 2012.

2   Siehe: Förster, Wolfgang/
     Novy, Klaus: *Einfach bauen.
     Genossenschaftliche Selbst-
     hilfe nach der Jahrhundert-
     wende. Zur Rekonstruktion
     der Wiener Siedlerbewegung*,
     Wien 1985.

Als die **Wiener Werkbundsiedlung** im Sommer 1932 zu besichtigen war, sah die lange geplante Schau[1] zunächst nach einem großen Erfolg aus. Mehr als 100.000 Besucher drängten durch die kleinen Reihenhäuser. Doch der Verkauf gestaltete sich schwierig; nur 14 der rund 70 Häuser konnten verkauft werden, was leicht zu erklären ist: Für Arbeiter waren die Häuser am Höhepunkt der Wirtschaftskrise schlicht zu teuer und für jene, die sie sich leisten konnten, zu modern und zu „einfach". Den Rest übernahm die Stadt Wien und vermietete sie als Gemeindewohnungen. Erbaut wurde die Siedlung von der gemeindeeigenen Gesiba, was sich später als Glücksfall erwies. Hermann Neubacher, der Direktor der Gesiba, war nämlich vor 1938 Mitglied der noch illegalen NSDAP und wurde 1938 nach der NS Machtübernahme Wiener Bürgermeister. Als solcher verhinderte er alle Versuche, die Siedlung im Sinne des NS Heimatschutzes umzugestalten. Sie entging damit dem Schicksal zahlreicher Siedlungen des Neuen Bauens in Deutschland.

Für die Gesamtplanung zeichnete Josef Frank, Unterstützer der Wiener Siedlerbewegung[2] und Gründungsmitglied des österreichischen Werkbunds, verantwortlich. Frank hatte schon an der Werkbundausstellung (Weißenhofsiedlung) in Stuttgart 1927 teilgenommen. Für die Wiener Siedlung legte er einige folgenschwere Einschränkungen fest: Architekten, die schon in Stuttgart gebaut hatten, wurden nicht zugelassen – einzige Ausnahme: Frank selbst –, wodurch ein Großteil der europäischen Avantgarde ausfiel; nur Kleinhäuser wurden akzeptiert, wodurch die Vergleichsmöglichkeit mit Geschoßwohnungsbauten entfiel.

Trotzdem hätte die Werkbundsiedlung unter anderen ökonomischen Bedingungen wichtige Anregungen für eine Weiterentwicklung des sozialen Wohnbaus liefern können. Dafür interessant gewesen wären zweifellos die Häuser von Josef Hoffmann (kleiner Reihenhaustyp mit architektonisch dominierendem Stiegenhaus), Loos-Kulka (Übertragung des „Raumplan"-Prinzips vom Villenbau auf den sozialen Wohnbau), Gerrit Rietveld (Split Level-Typ) und Anton Brenner (Prototyp einer „Teppichbebauung"). Richard Neutra baute hier sein einziges Haus in Österreich, einen kleinen Bungalow. Für die Ausstellung wurden die Häuser komplett eingerichtet. Während die im Eigentum der Stadt stehenden Häuser seit einigen Jahren vorbildlich und denkmalgerecht saniert wurden, befinden sich einige der privaten Häuser in sehr schlechtem Zustand.

Es scheint charakteristisch für den Wiener Wohnbau des 20. Jahrhunderts, dass Innovation stets vom öffentlichen Wohnbau ausging, während

Vorherige Seite:
Innovation braucht breite
Partizipation. Führung und
öffentliche Diskussion in der
Seestadt, 2016. Foto: IBA Wien
Previous page:
Innovation needs broad
participation. Tour and
public discussion at the
seestadt development, 2016.
Photo: IBA Wien

100,000 people squeeze into small terraced houses. Architecture experiences a paradigm shift. Commons will come to replace private living spaces.

When the long-planned Vienna **Werkbund estate**[1] could be visited in the summer of 1932, it first looked like a huge success. More than 100,000 visitors pushed through the small houses. But selling them proved to be difficult. Only fourteen of about seventy houses could be sold, and this is easy to explain: at the height of the depression era, the houses were simply too expensive for workers, while for those who could afford them they were too modern and "simple." The city therefore purchased the rest and rented them out as council housing. The development was built by the city-owned Gesiba, which later turned out to be a stroke of luck. Hermann Neubacher, the director of Gesiba, was a member of the then illegal Nazi party, and, after the Nazis seized power in 1938, he became the new Mayor of Vienna. In this function, he prevented all attempts to redesign the estate in the sense of Nazi vernacular style. It thus escaped the fate of many *Neues Bauen* buildings in Germany.

Overall planning was in the hands of Josef Frank, who had supported the Vienna Settlers' Movement[2] and was a co-founder of the Austrian Werkbund. Frank had already participated in the Stuttgart Werkbund Show (Weißenhofsiedlung) in 1927. For the Vienna development, he defined a series of rules with serious consequences: architects who had already built in the Stuttgart development were not accepted—with one single exception: himself—which excluded most representatives of the European avant-garde. Only single-family housing was accepted, thus preventing any possibility of comparison with multilevel housing.

Still, under different economic conditions, the Werkbund estate could have provided important input for the further development of social housing. Without a doubt, this would have been the case with the houses by Josef Hoffmann (small type of terraced housing with an architecturally dominant staircase), Henry Kulka and Adolf Loos (transfer of the *Raumplan* concept from villas to social housing), Gerrit Rietveld (split-level floor plan), and Anton Brenner (prototype for a "carpet development"). While the buildings in the property of the municipality have been carefully restored recently in accordance with requirements for listed buildings, some of the private houses are still in bad condition.

It seems characteristic for Vienna's twentieth-century housing that innovation mostly started from public housing, with the private sector only following reluctantly. After World War II, this was for instance true for **prefabricated construction** (see chapter VIII) and for **new energy standards**. A

1   On the planning history of the Werkbund estate, see especially Andreas Nierhaus and Eva-Maria Orosz, eds., *Die Wiener Werkbundsiedlung 1932* (Vienna, 2012).

2   See Wolfgang Förster and Klaus Novy, *Einfach bauen: Genossenschaftliche Selbsthilfe nach der Jahrhundertwende; Zur Rekonstruktion der Wiener Siedlerbewegung* (Vienna, 1985).

Werkbundsiedlung: Doppelhaus von Adolf Loos/Heinrich Kulka nach der Sanierung 2016.
Foto: Christian Philipp, Wikimedia Commons, CC-by-sa-3.0
Werkbundsiedlung Estate: semi-detached house by Adolf Loos/Heinrich Kulka after rehebilitation, 2016.
Photo: Christian Philipp, Wikimedia Commons, CC-by-sa-3.0

Plakat zur Eröffnung der
Werkbundsiedlung 1932.
Foto: Universität für
Angewandte Kunst Wien
Poster for the inauguration of
the Werkbundsiedlung Estate
in 1932. Photo: University of
Applied Arts Vienna

Werkbundsiedlung, Gesamtansicht 1932. Foto: Wien Museum
Werkbundsiedlung Estate, overall view in 1932. Photo: Wien Museum

der private nur zögerlich folgte. In der Zeit nach dem 2. Weltkrieg betraf dies etwa den **Fertigteilbau** (siehe Kapitel VIII) und **neue Energiestandards**. Einen Meilenstein setzten die in allen Bundesländern in den 1970er-Jahren veranstalteten Wettbewerbe unter dem Titel „**Wohnen morgen**". In Wien ging Wilhelm Holzbauers gleichnamige Anlage im 15. Bezirk aus diesem Wettbewerb hervor. Im Kontext der umgebenden Bebauungsstruktur formulierte Holzbauer eine Neuinterpretation der typischen Blockrandbebauung des 19. Jahrhunderts. Große Bedeutung widmete er der „Straße" als kommunikatives städtebauliches Element. Als zentrale Hauptachse und Lebensader konzipierte er einen Fußgängerweg, der in Nord-Süd-Richtung durch die Mitte des Planungsgebietes führt. Seine Funktion als Geschäftsstraße, Spielplatz und Marktstraße begünstigt die Durchmischung von öffentlichen und privaten Bereichen. Holzbauers Experiment stellt auch nach 40 Jahren eine überzeugende Lösung für hoch verdichteten Wohnbau im innerstädtischen Bereich dar.[3]

Nachdem jahrelang der Fertigteilbau als monoton und „antiurban" gegolten hatte, kommt es anfangs des 21. Jahrhundert zu einem Revival der Systembauweisen. Wieder gelten als wichtigste Vorzüge die schnellere und billigere Bauweise, doch kommen nun Flexibilität und die Eignung für **temporäres Bauen** hinzu – angesichts des raschen Bevölkerungswachstums wichtige Eigenschaften. Zu den Pionierprojekten in Wien zählt „home 21", von Transcity-Architekten mittels des Bausystems „slim building". Immer wieder freilich stellt sich gerade für Wien die Frage, wie sich sozialer Städte- und Wohnbau unter den Bedingungen des 21. Jahrhunderts weiter entwickeln müssen. Aus diesem Grund wurde im Jahr 2016 die **IBA** (Internationale Bauausstellung) „**Neues soziales Wohnen**" ausgerufen[4], ein rund 5Jahre dauernder breit angelegter Diskussions- und Planungsprozess unter Einbeziehung von internationalen ExpertenUniversitäten und Institutionen der Zivilgesellschaft. Dies gelang zunächst mit einer bunten Palette an Veranstaltungsformaten. Das Ergebnis sind innovative Wohnbauten wie die **Biotope City** im 10. Bezirk, die einen Prototyp für die Stärkung der Resilienz von Städten gegen den Klimawandel liefern soll, oder die partizipative Weiterentwicklung der aus den 1960er-Jahren stammenden Per-Albin-Hansson-Siedlung am südlichen Stadtrand, aber auch innovative Einzelbauten in Systembauweise wie das Projekt „Slim Building" im 21. Bezirk. Nicht zuletzt sind neuartige Projekte einer integrierten **Quartiersentwicklung** Teil der IBA: **Seebogen** in der Seestadt, Europas größtem Stadtentwicklungsprojekt, wo eine Fülle innovativer Ansätze entwickelt wurde oder die Gebiete **Berresgasse** und **Neu-Leopoldau**.

Eine wichtige Rolle bei der Entwicklung neuer Wohnformen kommt den **Baugruppen** zu, kleingenossenschaftlich strukturierten Gruppen von Wohnungssuchenden, die die gesamte Planung selbst oder in Kooperation mit einem Bauträger abwickeln. Vorläufer der heutigen Baugruppen waren die zahlreichen **Mitbestimmungsprojekte**[5], die u. a. vom Architekten Ottokar Uhl entwickelt wurden, wie das Projekt **Wohnen mit Kindern** in Jedlesee

3   Siehe: Kaiser Gabriele in: www.nextroom.at.

4   Die IBA_Wien wurde vom damaligen Wohnbaustadtrat Michael Ludwig unter der Leitung des Autors gestartet.

5   Eine Übersicht über die Mitbestimmungsprojekte in Österreich in den 1970er-Jahren lieferte Freisitzer, Kurt/Koch, Robert/Uhl, Ottokar: *Mitbestimmung im Wohnbau. Ein Handbuch*, Wien 1987.

milestone was set by the "**Wohnen morgen**" (Housing of Tomorrow) competitions organized in all Austrian federal states in the 1970s. In Vienna, the winner was Wilhelm Holzbauer's project of the same name in the 15th district. In the context of the surrounding urban structure, Holzbauer formulated a new interpretation of the typical nineteenth-century perimeter construction. He emphasized the role of the "street" as a communicative urban element. As a central main axis and lifeline, he designed a pedestrian walkway that leads in a north–south direction through the center of the planning area. Its function as a shopping street, playground, and market area favors the mixing of private and public spaces. Even after forty years, Holzbauer's experiment represents a convincing solution for high density housing in inner-city areas.[3]

For years, prefabricated construction had been considered monotonous and "anti-urban," but at the beginning of the twenty-first century there was a revival of system construction methods. Again, the most important advantages are considered to be faster and cheaper construction, but now flexibility and suitability for **temporary construction** have been added—important characteristics in view of the rapid population growth. One of the pioneering projects in Vienna is "home 21," designed by Transcity architects using the "slim building" construction system. Of course, the question of how social urban and residential construction must continue to develop under the conditions of the twenty-first century is a recurring theme in Vienna. For this reason, the **IBA** (International Building Exhibition) "**New Social Housing**"[4] was proclaimed in 2016, a broadly based discussion and planning process meant to last for about five years and involving international experts, universities, and institutions of civil society. This was initially achieved through a wide range of event formats. The results are innovative residential buildings such as the **Biotope City** in the 10th district, which is intended to provide a prototype for strengthening the resilience of cities against climate change, or the participatory further development of the Per-Albin-Hansson housing estate on the southern periphery of the city dating from the 1960s, but also innovative individual buildings in system construction such as the "slim building" project in the 21st district. Last but not least, new types of integrated district development projects are also part of the IBA: **Seebogen** in the Seestadt, Europe's largest urban planning project, where a wealth of innovative approaches have been developed, or the Berresgasse and Neu-Leopoldau projects.

So-called *Baugruppen* (construction groups) play an important role in housing innovation, involving apartment seekers in groups, structured like small cooperatives, who organize the planning by themselves or in cooperation with a housing association. Predecessors of today's *Baugruppen* were the numerous **participatory housing projects**[5] developed, for example, by the architect Ottokar Uhl, such as the estate **Wohnen mit Kindern** (Living with Children) in Jedlesee in the 21st district (1981–84) or the **Feßtgasse council housing estate** in the 16th district (1973–80). Besides more individual housing qualities, Uhl aimed at democratizing the planning processes in the sense of the "democratization of all spheres of living" objective postulated by the

3   See Gabriele Kaiser on www.nextroom.at (all URLs accessed in June 2020).

4   The IBA_Vienna was started by Housing Councilor Michael Ludwig under the chair of the author.

5   For an overview of 1970s participatory housing projects in Austria, see Kurt Freisitzer, Robert Koch, and Ottokar Uhl, *Mitbestimmung im Wohnbau: Ein Handbuch* (Vienna, 1987).

Städtische Wohnhausanlage „Wohnen morgen" von Wilhelm Holzbauer, 1980. Foto: MVD Austria, 2020
Council housing estate "Wohnenmorgen" (tomorrow's living) by Wilhelm Holzbauer, 1980. Photo: MVD Austria, 2020

Das 1996 fertiggestellt Wohnprojekt „Sargfabrik" im 14. Wiener Gemeindebezirk ist der größte selbstinitiierte und selbstverwaltete Wohnbau Österreichs. BKK-2 Architekten, Foto: Hertha Hurnaus
The "Sargfabrik" housing project, situated in the 14th district of Vienna and completed in 1996, is the largest self-initiated and self-administered residential building in Austria. BKK-2 Architekten, photo: Hertha Hurnaus

Nordbahnhof. Architektur: Riepl, Bammer, Kaufmann Architekten, Foto: MVD Austria, 2020
Nordbahnhof. Architecture: Riepl, Bammer, Kaufmann Architekten, photo: MVD Austria, 2020

Vorherige Seite:
In der Wiesen Süd ist das
Ergebnis eines 2013 ausgelobten
Bauträgerwettbewerbes im
23. Wiener Gemeindebezirk,
das 2017 fertiggestellt wurde.
Architektur im Bildausschnitt:
Dietrich | Untertrifaller, Foto:
MVD Austria, 2020
Previous page:
The housing complex called In
der Wiesen Süd is the result of a
property development com-
petition in the 23rd district of
Vienna, which was announced
in 2013 and completed in 2017.
Architecture show in the detail
view: Dietrich | Untertrifaller,
Photo: MVD Austria, 2020

Das 2019 fertiggestellte Wohnhochhaus
Lakeside liegt direkt am namensgebenden
künstlichen See in der Seestadt Aspern.
Architektur: Querkraft Architekten ZT
GmbH, Foto: Ralo Mayer, 2020
The Lakeside residential tower, completed in 2019, is located directly on the artificial lake in the Seestadt Aspern which
gave the tower its name. Architecture:
Querkraft Architekten ZT GmbH,
photo: Ralo Mayer, 2020

Der Helmut-Zilk-Park im Sonnwendviertel. Foto: MVD Austria, 2020
The Helmut-Zilk-Park in the Sonnwendviertel district. Photo: MVD Austria, 2020

Bloch-Bauer-Promenade im Sonnwendviertel. Das Ergebnis
eines Masterplans mit folgendem kooperativen Planungsverfahren
und einzelnen Bauträgerwettbewerben. Foto: MVD Austria, 2020
Bloch-Bauer-Promenade in the Sonnwendviertel district.
It is the result of a master plan with a cooperative planning process
and individual developer competitions. Photo: MVD Austria, 2020

6   Siehe u. a.:
     www.aspern-baugruppen.at.

7   Förster, Wolfgang: *Das
     Wiener Modell 2, Wohnbau
     für die Stadt des 21. Jahr-
     hunderts*, Wien 2018.

8   Lefebvre, Henri: *Le droit
     à la ville*, Paris 1968.

9   Siehe z. B.: Avermaete, Tom/
     Herold, Daniela/Schmidt-
     Colinet: *Constructing the
     Commons*, Projekt der
     Akademie der Bildenden
     Künste und der TU Delft
     im Rahmen der IBA_Wien,
     Wien 2018.

im 21. Bezirk/1981–1984) oder im **Gemeindebau Feßtgasse** im 16. Bezirk (1973–1980). Neben individuellerer Wohnqualität ging es Uhl dabei auch um eine Demokratisierung der Planungsprozesse im Sinne der von der Kreisky-Regierung postulierten „Demokratisierung aller Lebensbereiche". Zu den Pionieren der Baugruppenbewegung gehört das Projekt „**Sargfabrik**" mit seinen 70 Wohnungen, 1996 von BKK 2 geplant. Im Allgemeinen liefern Baugruppen auch einen Mehrwert für das umliegende Quartier, da ihre Gemeinschaftseinrichtungen auch Bezirksbewohner zugänglich sind. Baugruppenprojekte erhalten – anders als in Deutschland, wo die Bewegung als Gegenmodell zum privaten Wohnungsmarkt entstand, die gleiche öffentliche Förderung wie andere Neubauprojekte. In der Seestadt wurden beispielsweise bisher 6 Baugruppenprojekte realisiert, darunter mit „**Queerbau**"[6] ein erstes Projekt der LGBT-Community, und weitere befinden sich in Planung. Eine Weiterentwicklung der Baugruppen stellen die sogenannten **Quartiershäuser** – etwa im Sonnwendviertel am Hauptbahnhof – dar, wo neben geförderten Mietwohnungen auch preisgünstige Flächen für (Klein-)Gewerbe geschaffen werden. Innovation im Wohnbau stellt sich damit zunehmend als Aufgabe der Zivilgesellschaft dar.

Mit der Einführung der **Bauträgerwettbewerbe** 1985 und der **Sozialen Nachhaltigkeit** im **Viersäulenmodell** 2007 (siehe Kapitel IX) setzte die Stadt Wien neuerlich auf Innovationsförderung. Erstmals sollte im gesamten geförderten Wohnbau – rund 7.000 bis 13.000 Wohnungen jährlich – das Prinzip des Wettbewerbs unter dem Gesichtspunkt der **Interdisziplinarität** strikte Regeln ersetzen – quasi die Einführung von innovationsfördernden Marktmechanismen in den öffentlichen Wohnbau.[7] Abseits technologielastiger „Smart City"-Konzepte wurde dabei bewusst auf eine Verbindung von baulichen und sozialen Innovationen gesetzt.

Dies geschieht nicht ganz zufällig parallel zu einem klaren **Paradigmenwechsel in der Architektur** (-ausbildung). Ein solcher deutete sich schon mit der Architekturbiennale von Venedig im Jahr 2000 an: „**Less aesthetics, more ethics**" (Massimiliano Fuksas). Fuksas knüpfte damit an ältere Modelle an, wie Henri Lefebvres „**Recht auf Stadt**"[8] Ebenfalls im Widerspruch zur „Freiheit" des Marktes und des (privaten) Eigentums stehen die Wiederentdeckung der „**Commons**"[9] sowie die „**Sharing Economy**". Wohnqualität wird sich daher immer weniger an der Maximierung der privaten Wohnfläche bemessen als am Angebot an Gemeinschaftseinrichtungen und Dienstleistungen. Ebenso wird nicht der von der Industrie propagierte technische Ausstattungsstandard einzelner Wohnungen („Smart Homes" etc.) im Vordergrund stehen, sondern jene Einrichtungen, die den Stadtbewohnern zugänglich – und für alle leistbar – sind. Auch wenn im Moment aufgrund des Stadtwachstums Quantität im Mittelpunkt des Interesses der Wohnungspolitik steht und Innovation – abgesehen von der IBA – an Kraft zu verlieren scheint, ist es durchaus realistisch, dass Wien in dieser Entwicklung auch in Zukunft eine Pionierrolle einnehmen wird, die Stadt zum **internationalen Kompetenzzentrum für Wohnbau** wird.

Kreisky administration. One of the pioneers of this movement was the 1996 **Sargfabrik** (Coffin Factory) with its seventy apartments, which was planned by BKK2 in 1996. In general, *Baugruppen* offer an added value to the surrounding neighborhood as their communal facilities are open to residents of the district. Unlike in Germany, where this movement first developed as a counter model to the private real-estate market, the Vienna projects are subsidized to the same extent as other new buildings. In Seestadt, for example, six such projects have been built so far—among them **"Queerbau"**[6] as a first project developed by the LGBT community—and more are in the planning process. A further development of *Baugruppen* can be seen in the **Quartiershäuser** (district buildings), such as in the Sonnwendviertel area next to Vienna's main railway station, where subsidized rental housing is mixed with affordable spaces for (small) commerce. Thus, innovation in housing can increasingly be seen as a task of civil society.

With the introduction of **developers' competitions** in 1985 and of **social sustainability** with the **"four pillar system"** in 2007 (see chapter IX), the municipal government of Vienna again focused on supporting innovation. For the first time in the entire subsidized housing sector—with around 7,000 to 13,000 homes per year—the principle of these competitions was to replace strict rules under the aspect of **interdisciplinarity**, which basically entailed the introduction of innovation-promoting market mechanisms into public housing.[7] Away from technology-oriented "smart city" concepts, a deliberate focus was placed on combining structural and social innovation.

Not entirely coincidentally, this takes place in parallel to a clear **change of paradigms in architecture** (or architectural training). This was already hinted at in the branding of the 2000 Venice Biennale of Architecture: **"Less Aesthetics, More Ethics"** (Massimiliano Fuksas). Fuksas connected to older models like Henri Lefebvre's **"Right to the City."**[8] Equally contradicting the "freedom" of the market and of (private) property is the rediscovery of the "commons"[9] and the concept of a **"sharing economy."** More and more, housing qualities will not be measured by the maximization of private living space, but by the offer of common facilities and services. And it will not be the technical standard of apartments (smart homes, etc.) propagated by the industry which will be regarded in the first place, but those facilities open to—and affordable for—all citizens. Even if at the moment, due to the strong growth of the city, it is quantity that stands at the center of political interest, and even if innovation (apart from the IBA) is seemingly losing momentum and impact, it is absolutely realistic that Vienna will take on a pioneering role in this future development, turning the city into an **international hub of housing knowledge.**

6   See, for example, www.aspern-baugruppen.at.

7   See Wolfgang Förster, *The Vienna Model 2: Housing for the Twenty-First Century City* (Vienna, 2018).

8   Henri Lefebvre, *Le droit à la ville* (Paris, 1968).

9   See, for example, Tom Avermaete, Daniela Herold, and Lisa Schmidt-Colinet, eds., *Constructing the Commons*, a project by the Academy of Fine Arts Vienna and the University of Technology Delft in the frame of IBA_Vienna (Vienna, 2018).

Exkurs 3: Integration durch Wohnbau?[1]

1 Dieser Exkurs stellt eine erweiterte Fassung eines Beitrags dar, den der Autor für das Sammelwerk *Integration im Wohnbau* (Hg. Herbert Ludl, Wien 2017) verfasst hat.

2 Bürgermeister Michael Häupl, 2016.

3 Quelle: Integrationsbericht Wien 2018.

4 Mercer Quality of Living Ranking 2018.

„Wien war immer eine Stadt des Zuzugs."[2] So waren auch die Flüchtlingsbewegungen der Jahre 2015 und 2016 keine Ausnahmeerscheinung. Es genügt, ähnliche Situationen zu betrachten – nach dem Ende des Zweiten Weltkriegs, während des Ungarnaufstands 1956, nach der Niederschlagung des Prager Frühlings oder während des Bosnienkriegs der 1990er-Jahre – und als Vergleich heranzuziehen. Heute sind rund 33 % aller in Wien lebenden Menschen im Ausland geboren, und etwa 50 % haben Migrationshintergrund.[3]

Auch in Zukunft ist mit einem weiteren Zustrom nach Wien zu rechnen, wobei zu den kriegerischen Auseinandersetzungen am Rande Europas noch die Auswirkungen des Klimawandels kommen werden. Wien als Stadt mit der weltweit höchsten Lebensqualität[4] und mit bereits bestehenden migrantischen Communities, aber auch als größter Universitätsstandort im deutschsprachigen Raum, wird hier zweifellos weiterhin eine besondere Anziehungskraft ausüben. Migration wird zu einem kontinuierlichen Stadtwachstum führen und große Integrationsbemühungen erfordern.

Die Bedeutung des Wohnens für Integration ist unbestritten, doch bedarf es hier einiger Klarstellungen. Zunächst ist Integration im Wohnbereich nicht nur das Zusammenleben von Migranten und schon länger hier Lebenden. Integration betrifft ebenso unterschiedliche Bewohnergruppen mit teils stark divergierenden Ansprüchen an das Wohnen: alt versus jung, berufstätig versus Zuhause arbeitend oder gar nicht (mehr) im Arbeitsprozess stehend, die traditionelle „Normfamilie" versus neue Familienformen, Kinderlose versus Familien mit Kindern, Gesunde versus Menschen mit besonderen Bedürfnissen; unterschiedliche Milieus und Lebensstile. Kurz: Integration ist der Ausdruck einer zunehmend diversifizierten Gesellschaft und Voraussetzung ihres Funktionierens.

Was kann nun Wohnbau zur Integration leisten? Hier muss zunächst vor überzogenen Erwartungen gewarnt werden. Architektur allein kann die

Excursus 3: Integration through Housing?[1]

1 This excursus is the extended version of an article that the author wrote for the publication: Herbert Ludl, ed., *Integration im Wohnbau* (Vienna, 2017).

2 Mayor Michael Häupl, 2016.

3 Source: Vienna Integration Report 2018.

4 Mercer Quality of Living Ranking 2018.

"Vienna has always been an immigrant city."[2] Thus, the 2015 and 2016 refugee movements are no exceptions. It is enough to look at similar situations as a comparison—after the end of World War II, during the Hungarian Uprising in 1956, after the suppression of the Prague Spring in 1968, and during the Bosnian War in the 1990s. Today, about 33 percent of all people living in Vienna are born abroad, and about 50 percent have a migration background.[3]

Further migration to Vienna has to be expected, whereby the effects of climate change will be added to the armed conflicts on the periphery of Europe. Vienna as the city with the world's highest quality of life[4] and with its already existing migrant communities, but also as the biggest university location in the German-speaking world, will without doubt continue to be highly attractive. Migration will lead to further growth of the city and will require great integration efforts.

The significance of housing for integration is undisputed, but some clarifications are necessary. First of all, integration in housing is not just the coexistence of migrants and people who have been living there for a long time. Integration also affects different groups of residents with sometimes strongly divergent needs in terms of housing: old versus young, professionals versus those working at home or those not working (any longer), the traditional "norm family" versus new forms of family, those without kids versus families with kids, healthy persons versus those with special needs, or different social settings and lifestyles. In short: integration is the expression of an increasingly diversified society as well as a prerequisite for its functioning.

How then can housing contribute to integration? Here a warning against exaggerated expectations is necessary: architecture alone cannot change society. It can, however, contribute to changes—or rather, to reducing conflicts due to changes.

Gesellschaft nicht verändern. Sie kann jedoch zur Veränderung – oder besser: zum konfliktlosen Umgang mit Veränderungen – beitragen.

Zur Integration, also zur weitgehend konfliktbefreiten sozialen, ethnischen und kulturellen Durchmischung gehören vor allem zwei Voraussetzungen: erstens die Möglichkeit, der Anreiz (nicht der Zwang) zur Kommunikation, zweitens die Möglichkeit, sich allein oder in kleinen Gruppen zurückzuziehen. Schon das Pilotprojekt **„Globaler Hof"** in der Anton-Baumgartner-Straße, von Peter Scheifinger als „Wohnmodell inter-ethnische Nachbarschaft"[5] 1997 für den Bauträger Sozialbau AG, Wiens größten Bauträger, geplant und 2005 mit dem ersten Wiener Wohnbaupreis ausgezeichnet, lieferte wichtige Anhaltspunkte: Um das Zusammenleben von rund 300 Menschen aus 18 Nationen zu erleichtern, müssen vor allem ausreichende und möglichst niedrigschwellige Begegnungsräume geschaffen werden. Rückzugsmöglichkeiten allein oder in Kleingruppe sind ebenso wichtig wie Gemeinschaftsflächen; eine Hausbetreuung vor Ort muss das planerische Konzept ergänzen, demokratische Mietermitbestimmung ist für das langfristige Funktionieren Voraussetzung.[6]

Mit der Einführung der sozialen Nachhaltigkeit als „vierte Säule" im Wiener geförderten Wohnbau[7] wurde ein entscheidender Schritt gesetzt, um die Kommunikationsfreundlichkeit neuer Wohnhausanlagen zu stärken, Vordergründig werden darunter meist Gemeinschaftsräume verstanden, wobei hier aus Erfahrung Einschränkungen zu machen sind. Es gilt dabei nämlich nicht „je mehr, desto besser"; wichtiger ist die gute physische und organisatorische Zugänglichkeit.

Wirklich entscheidend für Kommunikation und damit Integration ist eine Verschränkung von baulicher „Hardware" (das englische „bricks and mortar") und „Software" im Sinne eines Angebots zu gemeinschaftsbildenden Aktivitäten. Im besten Falle nehmen diese die Form von Eigenleistungen der Bewohner an – etwa bei der Planung und Einrichtung von Frei- und Gemeinschaftsflächen mittels dafür reservierter Budgets. Ziel ist das **Empowerment** der Bewohner, um deren Konfliktlösungsfähigkeit zu stärken. Dass solche Maßnahmen nicht zu Mehrkosten führen müssen, zeigen zahlreiche Beispiele des **Urban Gardening**, Mehrfachnutzungen von Flächen, mehr Eigenverantwortung und -leistung.

Eine Kultur des Teilens begünstigt Kommunikation und Integration. Was sich der Einzelne nicht leisten kann – etwa ein Musikzimmer oder einen Fitnessraum, kann sich eine Hausgemeinschaft gemeinsam leisten. Multikulturelle Ansätze in der Wohnhausplanung kommen schließlich allen zugute. So schafft beispielsweise die Wahlmöglichkeit zwischen Wohnküchen und abgeschlossenen Küchen — erstere werden von autochthonen Österreichern bevorzugt, letztere von vielen Zuwanderern – mehr Freiheiten für alle, ohne gleich eigene „Österreicher- oder Türkengrundrisse" zu entwickeln. Bei partizipativen Planungsansätzen geht es nicht vordergründig um Partikularinteressen, sondern um offene Prozesse, die zu mehr Möglichkeiten für alle führen.

5　Zum Globalen Hof s. v. a.: Ludl, Herbert (Hg.): *Das Wohnmodell interethnische Nachbarschaft*, Wien 2003.

6　Zur Evaluierung des Projekts siehe: Brech, Joachim: „Leben im globalen Hof", in: Ludl 2003, a. a. O., S. 85 ff.

7　Die Kriterien der sozialen Nachhaltigkeit wurden 2007 vom Autor definiert.

Integration, that is, social, ethnic, and cultural mixing, has two prerequisites: first, the possibility or the incentive (not the obligation) to communicate; second, the possibility of withdrawing alone or in small groups. Already the pilot project **"Globaler Hof"** (Global Estate[5]) by Peter Scheifinger for Sozialbau AG, Vienna's biggest housing developer, at Anton-Baumgartner-Straße in 1997, which received the first Vienna Housing Award in 2005, provided initial insights: in order to facilitate the cohabitation of about 300 people from eighteen nations, it is necessary to create sufficient low-threshold meeting places. The possibility of withdrawing alone or in small groups is equally important to community spaces. An in-house management service must complement the planning concept. Democratic tenants' participation is a prerequisite for long-term functioning.[6]

By introducing the concept of social sustainability as a "fourth pillar" into Vienna's subsidized housing,[7] a decisive step was taken to strengthen the openness to communication in new housing estates. At first sight, this is mostly understood as an offer of community areas, but experience shows that some limitations have to be made. Instead of "the more, the better," it is important to focus on good physical and organizational accessibility to such areas.

What communication and, accordingly, integration really need is a combination of constructional "hardware" (i.e., bricks and mortar) and "software" (i.e., the offer of community building activities). In the best cases, the latter take the form of personal contributions by the residents—as the planning and realization of free spaces or community areas via reserved budgets. The aim is to **empower the residents** in order to strengthen their ability to resolve conflicts. Such measures need not generate extra costs, as is shown by numerous examples of **urban gardening**, the multiple use of spaces, and by taking more responsibility and activity.

A culture of sharing facilitates communication and integration. What individuals cannot afford—a music room or a fitness room, for example—a household community can afford together. Multicultural approaches in the planning of housing ultimately benefit everybody. For example, the choice between the *Wohnküche* (living room cum kitchen) and separate kitchens—the former preferred by most autochthonous Austrians, the latter by migrants—increases freedom for all without developing different floor plans for Austrians and, let's say, for Turks. Participatory planning approaches are concerned not primarily with individual interests, but with open processes that lead to more opportunities for all.

5   On the Globaler Hof (Global Estate), especially see Herbert Ludl, ed., *Das Wohnmodell interethnische Nachbarschaft* (Vienna, 2003).

6   For the evaluation, see Joachim Brech, "Leben im globalen Hof," in *Das Wohnmodell interethnische Nachbarschaft*, ed. Herbert Ludl (Vienna, 2003), pp. 85ff.

7   The criteria for social sustainability were defined by the author in 2007.

Wiens Wohnen in der Zukunft: Braucht Wien noch Wohnbau?

Housing of the Future:
Does Vienna Still Need Housing?

Wohnen als Schule der Demokratie. Brauchen wir überhaupt noch Wohnbau?

Betrachtet man die Entwicklung bei anderen Bauaufgaben – insbesondere beim Bürobau, wo das klassische Büro mit der klaren Trennung von privaten Arbeitsbereichen und gemeinschaftlichen Flächen nach und nach verschwindet und sich die Räume einer flexiblen Organisation der Arbeit öffnen – , so stellt sich die Frage, ob es die klassische Wohnung als privates abgesondertes Heim in Zukunft überhaupt noch geben wird. Wird sich die klassische Wohnung selbst auflösen? Man muss gar nicht auf frühere sozialpolitische Experimente wie das Einküchenhaus oder Kollektivwohnhäuser zurückgreifen, um eine solche Entwicklung für möglich, ja wahrscheinlich zu halten. In vielen neuen Planungen deutet sich eine „Versöhnung" von Gemeinschaft und Gesellschaft[1] ohnehin schon an, brechen Grenzen zwischen privat, halböffentlich und öffentlich auf. Gerade in Wien bieten sich hierfür Rückgriffe auf ältere Modelle solidarischen Wohnens an – wie jene der Wiener Siedlerbewegung, der frühen Genossenschaften, der Gemeinschaftsräume in den Superblocks des Roten Wien, der ersten Baugruppen ...

Der offensichtliche Paradigmenwechsel in der Architektur – *less aesthetics, more ethics*[2] – dürfte eine solche Entwicklung unterstützen. Ohne hier Lösungen anzubieten, sollen daher einige Fragen – bewusst ungeordnet formuliert werden:

- Kann an die Stelle der immer stärker normierten Wohnung der „Edelrohbau" mit der Möglichkeit eines individuellen Ausbaus treten?

- Können klassische private Wohnfunktionen an kollektive Einrichtungen abgetreten werden?

- Welche Auswirkungen wird der Klimawandel auf unsere Wohnbedürfnisse haben und wie kann die Resilienz von Wohngebäuden gegen diese Auswirkungen gestärkt werden?[3]

- Werden Netzpläne und Umfeldanalysen an die Stelle detaillierter Einreichpläne treten? Werden Architekten von Technikern zu interdisziplinären Projektentwicklern?

- Bietet der „Stadtrohling"[4] die Folie für zivilgesellschaftliches Engagement in der Stadtteil- und Wohnbauentwicklung? Braucht es im Wohnbau den „Mut zur Lücke"?

- Zusammenfassend: Werden starre Planungsnormen zu „flüssigen" Prozessen?

1 Zum Konflikt zwischen *Gemeinschaft und Gesellschaft* siehe vor allem Tönnies, Ferdinand: *Gemeinschaft und Gesellschaft*, Berlin 1887. Auf Tönnies berief sich v. a. Otto Neurath im Roten Wien.

2 Motto des Kurators Massimiliano Fuksas für die Architekturbiennale Venedig 2000.

3 Zum Zusammenhang zwischen Initiativen für eine solidarische Wohnungspolitik und dem Kampf gegen den Klimawandel siehe v. a.: Klein, Naomi: *This Changes Everything. Capitalism versus the Climate*, Montreal 2014.

4 Der Begriff Stadtrohling als neutrale Hülle für zukünftige bauliche Entwicklungen wurde 2016 v. a. von Rudolf Scheuvens (TU Wien) in die Diskussion der IBA_Wien eingebracht.

Vorherige Seite:
Erwin Wurms künstlerische Intervention House Attack, (Mumok Wien 2006) persifliert den österreichischen Traum vom Einfamilienhaus. Foto: Lisa Rastl
Previous page:
Erwin Wurm's artistic intervention "House attack" (Mumok, Vienna 2006) satirizes the Austrian dream of single family housing. Photo: Lisa Rastl

Housing as a "school of democracy."
Do we even still need apartments?

If one looks at development in other types of construction—especially in office construction, where the classic office with its clear separation of private working areas and communal areas is gradually disappearing and the spaces are opening up to a flexible organization of work—the question arises as to whether the classic apartment will exist as a private, separate home in the future. Is the classic apartment going to dissolve? One need not even refer to early sociopolitical experiments like the "Einküchenhaus" or collective housing to imagine such a development as possible—or indeed probable. In many new plans, a "reconciliation" of community and society[1] can be recognized, and the borders between the private, semipublic, and public sphere are dissolving. In Vienna, in particular, recourse to earlier models of solidary housing seems obvious—such as those of the Vienna Settlers' Movement, the early cooperatives, the communal spaces of the Red Vienna superblocks, and the first *Baugruppen* …

The obvious change of paradigm in architecture—"less aesthetics, more ethics"[2]—would seem to support such a development. Without offering solutions here, some questions should therefore be formulated deliberately (in no particular order):

- Can the increasingly normed house be replaced by an "elaborate building shell" with the option of individual expansion?

- Can traditionally private housing functions be surrendered to collective facilities?

- What will be the effects of climate change on our housing needs, and how can resilience of housing be strengthened against these effects?[3]

- Will network plans and social environment analyses replace the detailed submission plans? Will architects shift from technicians to interdisciplinary project developers?

- Will a *Stadtrohling* (raw city type)[4] provide the basis for civil society involvement in the development of neighborhoods and housing? Does housing need the courage to "risk gaps"? In summary: Are strict planning norms developing into "fluid" processes?

Just like planning, the housing administration needs to be discussed:

- Are huge administrative units like Wiener Wohnen—Europe's largest housing administration with some 220,000 apartments—still

1   The concept of community and society was first developed by Ferdinand Tönnies in *Gemeinschaft und Gesellschaft* (Berlin, 1887). In Red Vienna, Otto Neurath in particular referred to Tönnies.

2   The title given to the Venice Biennale of 2000 by its curator Massimiliano Fuksas.

3   On the connections between initiatives for solidary housing policies and the fight against climate change, see Naomi Klein, *This Changes Everything: Capitalism versus the Climate* (Montreal, 2014).

4   The concept of the *Stadtrohling* was introduced into the IBA discussion by Rudolf Scheuvens (Vienna University of Technology) in 2016.

Nächste Seite:
Seestadt Aspern: Erster Bauteil südlich des künstlichen Sees mit ca. 7.000 Bewohnern (links unten) und Seestadtquartier an der U-Bahn-Endstelle im Jahr 2019. Der Nordteil wird teilweise im Rahmen der IBA_Wien realisiert werden. Foto: Stadt Wien/ Christian Fürthner, 2019
Next page:
Seestadt (Lake City) Aspern: First part with some 7,000 residents (left) south of the artificial lake and Seestadtquartier next to the last stop of the subway line in 2019. The northern area will partly be built within the IBA_Wienprogram. Photo: City of Vienna/Christian Fürthner, 2019

Ebenso wie die Planung wird die Wohnraumverwaltung zu hinterfragen sein:

- Sind Verwaltungskolosse wie Wiener Wohnen – mit rund 220.000 Wohnungen Europas größte Hausverwaltung – noch geeignet, den Herausforderungen einer zunehmend diversifizierten Gesellschaft zu begegnen oder bedarf es flexibler kleinerer Einheiten?

- Können neue Kommunikations- und Entscheidungsstrukturen entwickelt werden, die einer zunehmend offenen Gesellschaft entsprechen?

- Wie kann die Teilhabe aller – auch „schwächerer" – Bevölkerungsgruppen an der Verwaltung sichergestellt werden?

- Wird Wohnen zu einer „Schule der Demokratie" und welcher Voraussetzungen bedarf es dazu?

Aber brauchen wir überhaupt noch Wohnbau?

Dazu ein Gedanke: So wie Privatautos trotz hoher Kosten die meiste Zeit ungenutzt herumstehen – mehr "Autostabile" als Automobile – und daher mehr und mehr Menschen auf sie verzichten, werden auch unsere Wohnungen die meiste Zeit nicht zu Wohnzwecken genutzt, weil wir Arbeits- und Freizeit größtenteils woanders verbringen.

- Ist was wir in Zukunft noch brauchen werden, ein gut ausgestatteter Schlafplatz, mal hier, mal dort – sind wir eine Gesellschaft moderner Nomaden? Ist die „Wohnung" der Zukunft also das billige Micro-Apartment? Oder das Hotelzimmer? Oder der Wohnwagen? (Natürlich alles mit WLAN ...)

- Wird „Wohnen" zum „Leben", wie im englischen Sprachgebrauch schon vorweggenommen?

- Die klassische Wohnung ist aber – auch – eine Funktion der klassischen (patriarchalen) Kleinfamilie. In dem Maße, in dem diese an Bedeutung verliert, werden viele der Funktionen der dazugehörenden Wohnung ausgelagert werden: (Haus-) Arbeit, Erziehung, Kochen und Essen, Freizeit, Kommunikation, Sex ...

- Brauchen wir in Zukunft also noch Wohnungen? Nähert sich eine mehrtausendjährige Geschichte ihrem Ende?

Vorherige Seite:
Mikrohaus auf Rädern, 2018.
Foto: Wohnwagon.at
Previous page:
Micro house on wheels, 2018.
Photo: Wohnwagon.at

able to cope with the challenges of an increasingly diversified society, or are smaller, more flexible units needed?

- Can new structures for communication and for decision-making be developed which respond to an increasingly open society?

- How can the participation of all—including "more vulnerable"—population groups be secured?

- Will housing develop into a "school of democracy," and what prerequisites are needed for this?

But will we actually still need housing?

One thought on this: similar to private cars, which in spite of high costs remain unused most of the time—more "auto-immobiles" than automobiles, as it were—because more and more people do without them, our homes are not used for accommodation purposes most of the time, as we spend working time and leisure time in other places.

- Is all we need in the future a well-equipped place to sleep, sometimes in one place, sometimes in another—are we a society of modern nomads? Will the "home" of the future be a low-cost micro-apartment? Or a hotel room? Or a caravan? (All with Wi-Fi, of course …).

- Will "dwelling" become "living," as already anticipated in the more or less synonymous use of these terms in English?

- But the classic apartment is also a function of the classic (patriarchal) nuclear family. With the latter losing in importance, many functions of the related home will be outsourced: (house) work, education, cooking and eating, leisure, communication, sex …

- So, will we still need housing in the future? Is a history of several thousand years slowly coming to its end?

Nächste Seite:
Biotope City setzt neue Maßstäbe, um Wohnquartiere gegen den Klimawandel resistent zu machen. Foto: MVD Austria, 2020
Next page:
Biotope City is setting new standards in making housing areas resilient to the climate change. Photo: MVD Austria, 2020

Exkurs 4: Baukunst oder Kunst am Bau?

Die Absicht, Wohnbau durch Kunstwerke zu verschönern, ist nicht neu. Im mittelalterlichen Wien verwiesen die Kunstwerke oft auf das im Haus ausgeübte Handwerk, woraus sich – mangels Hausnummern – der Name des Hauses ergab.[1] In der barocken Stadt wetteiferten reiche Bürger mit dem Adel, wenn es um die prunkvolle Gestaltung der Straßenfassaden ging, doch beschränkte sich diese wie auch noch in der Gründerzeit, meist auf reichen Baudekor, war also eher Architektur als Kunst am Bau. Der bauplastische Schmuck umfasste das gesamte klassische Formenrepertoire: Giebel, Pilaster, Voluten, allenfalls Karyatiden oder Polychromie, wie sie Theophil Hansen in seinen Ringstraßenbauten einsetzte und mit dieser Architektur der Neurenaissance[2] das Erscheinungsbild Wiens maßgeblich prägte. Otto Wagner ging bereits einen anderen Weg. Im Majolikahaus (1898) auf der Linken Wienzeile ersetzt eine vollflächige Fassadenverfliesung – der Gleichwertigkeit aller Geschoße geschuldet – die traditionelle Gliederung. Radikaler ist Adolf Loos, der zugunsten klarer Volumina und klassischer Zonierung – etwa beim Haus am Michaelerplatz (1911) – auf jeden Fassadendekor verzichtet. Otto Wagners Schüler schließlich tragen seinen Entwurfsprozess in den sozialen Wohnbau des Roten Wien.[3] Dessen baukünstlerisches Programm hat kulturell-edukativen Charakter. So symbolisieren die großen Plastiken Josef Franz Riedls am Karl-Marx-Hof „Kinderfürsorge", „Befreiung", „Körperkultur" und „Aufklärung", während der zentrale Platz (heute 12. Februar-Platz) Otto Hofners symbolträchtigen „Sämann" aufnimmt. Auch temporäre Kunstinstallationen finden nun statt. Bei der Eröffnung des Goethe-Hofs im Jahr 1930 wird der gesamte Bau Kulisse eines künstlerisch gestalteten Festes, zu dem eine eigene „Gemeindebaukantate" ertönt.[4] Beinahe erinnern diese Veranstaltungen an die öffentlichen Feste nach der Französischen Revolution – Gesamtkunstwerke, bei denen das Volk zugleich Autor und Rezipient ist. Einen anderen Weg verfolgte der Otto Wagner – Schüler Hubert Gessner, der im Sinne seines Lehrers in seinen Bauten – wie dem Reumannhof – Architektur als Gesamtkunstwerk anstrebte.

Der faschistische Ständestaat kehrte zur Kunst am Bau im traditionellen Sinn zurück und setzte ebenso wie der Nationalsozialismus auf kitschige Darstellungen von Familienidyllen und tradierten Geschlechterrollen. Der kritische Umgang mit diesen Kunstwerken bildet heute einen eigenen Diskurs.

Bitter und Weber verweisen darauf, dass „gerade jetzt, wo in den Konstruktionen von Private Public Partnerships (PPP) die Abgrenzungen

1   Siehe z. B. Das Haus zum schönen Brunnen auf der Tuchlauben, siehe dazu: Perger, Richard; S. 7 ff.

2   Siehe dazu Förster, Wolfgang: *Wagner-Schule – Rotes Wien. Architektur als soziale Utopie*, (Hg. Wagner: Werk-Museum), Wien 2010.

3   Förster, Wolfgang 2010, a. a. O.

4   Förster, Wolfgang 2010, a. a. O., S. 28 ff.

Excursus 4: Architecture as Art or Art in Architecture?

1   See, for example, the Haus zum schönen Brunnen at Tuchlauben. On this, see Richard Perger, pp. 7ff.

2   See Wolfgang Förster, *Wagner-Schule – Rotes Wien: Architektur als soziale Utopie* (Vienna, 2010).

3   Ibid.

4   Ibid., pp. 28ff.

Decorating housing with works of art is not new to Vienna. In medieval Vienna, the works of art often referred to the craft practiced in the building, from which—for lack of street numbers—the name of the building was derived.[1] In the baroque city, wealthy burghers competed with the nobility when it came to the pompous design of the street façades, but as in the Gründerzeit, this was mostly limited to rich architectural decoration and was therefore more architecture than art in architecture. The structural adornment included the whole classic repertoire of forms: staples, pilasters, volutes, sometimes caryatids or polychromatic elements such as those used by Theophil Hansen in his Ringstrasse buildings, thus strongly influencing Vienna's appearance with his Neo-Renaissance architecture.[2] Otto Wagner took another path. In his Majolica House in Linke Wienzeile (1898), a complete tiling of the façade—now also due to the equality of all floors—replaced the traditional zoning. Adolf Loos was more radical. In his Michaelerplatz building of 1911, Loos denounced all décor on the façade in favor of clear volumes and classical zoning. Finally, Otto Wagner's students carried his design principles into Red Vienna social housing.[3] The architectural approach now had a cultural-educational character. For example, Josef Franz Riedl's large sculptures on the main façade of Karl-Marx-Hof symbolize "Child Care," "Liberation," "Physical Fitness," and "Enlightenment," while the central square (today's 12. Februar-Platz) features Otto Hofner's symbolic "Sower." There were now also temporary artistic installations. At the opening of Goethe-Hof in 1930, the whole estate became the scenery for an artistically designed party with its own "council housing cantata."[4] The events almost recall the parades after the French Revolution—total works of art where the citizens are authors and recipients at the same time. Otto Wagner's student Hubert Gessner pursued a different path, striving for architecture as a Gesamtkunstwerk in his buildings—such as the Reumannhof—in the spirit of his teacher.

The fascist Austrian Corporative State returned to art in architecture in a traditional sense, focusing—like the Nazi regime—on kitschy representations of idyllic families and traditional gender roles. The critical handling of these works of art forms a discourse of its own today.

Bitter and Weber point out that "especially now, when in the constructions of private public partnerships (PPP), the demarcations between public and private have become spatially nebulous and the terms are no longer clearly defined, a stroll through the history of 'art in public space' is (or can

zwischen Öffentlichkeit und Privatheit räumlich nebulös geworden und auch die Begrifflichkeiten nicht mehr klar zu definieren sind, ein Streifzug durch die Geschichte der ‚Kunst im öffentlichen Raum' nützlich sein (kann) für die Frage, welche Rolle sie dabei jetzt und für die nächste Zukunft beanspruchen möchte."[5]

Nach dem Zweiten Weltkrieg liest sich eine Auflistung der Kunstwerke in Gemeindebauten zwar wie ein „Who is who?" der bekanntesten österreichischen Künstler (u.a. Fritz Wotruba, Rudolf Hoflehner, Rudolf Schwaiger, Wander Bertoni, Hans Knesl, Alfred Hrdlicka, Hans Staudacher, Linde Waber, Wolfgang Hutter, Rudolf Hausner, Anton Lehmden, Roland Göschl), doch kann dies nicht darüber hinwegtäuschen, dass diese institutionalisierte Kunst am Bau oft wenig mehr war als die nachträgliche Behübschung vor oder an Fassaden langweiliger Architektur. Eine Sonderstellung nehmen die von Künstlern wie Friedensreich Hundertwasser und Arik Brauer in Zusammenarbeit mit Architekten entworfenen Häuser ein.

Nach den Missverständnissen der Postmoderne mit ihren oft mediokren Ergebnissen – besonders krass zu bemerken in Leon Kriers Gemeindebau an der Breitenfurterstraße – erfolgte 2004 die Gründung der städtischen Gesellschaft KÖR (Kunst im öffentlichen Raum), die sich wieder vorrangig mit künstlerischen Interventionen auf öffentlichen Plätzen, darunter auch in vielen neuen Wohnhausanlagen beschäftigt. Zu den wichtigsten Beispielen gehören das Mahnmal für die Deportationen während der Nazizeit auf dem Gelände des ehemaligen Aspangbahnhofs (heute Wohnhausanlage Eurogate) im 3. Bezirk von Brigitte Prinzgau und Wolfgang Podgorschek (2016) und die Installation „Zaun" in der Wohnhausanlage Donaufelderstraße 73 von Andreas Reiter-Raabe.

5   Bitter, Sabine/Weber, Helmut: „Ortsbezug Wien: Rollenverteilungen für die Kunst, in: Förster, Wolfgang/Menking, William: *Das Wiener Modell 2. Wohnbau für die Stadt des 21. Jahrhunderts*, Wien 2018, S. 213.

Vorherige Seite:
Künstlerische Intervention von Andreas Reiter-Raabe in der Wohnhausanlage Donaufelderstraße 73 (21. Bezirk), 2012.
Foto: Sabine Bitter
Previous page:
Artistic intervention by Andreas Reiter-Raabe at the Donaufelderstraße 73 Housing Estate (21st district), 2012.
Photo: Sabine Bitter

be) useful for the question of what role it would like to claim in this context now and in the near future."[5]

After World War II, the list of works of art in social housing reads like a "Who's who?" of the most prominent Austrian artists (including Fritz Wotruba, Rudolf Hoflehner, Rudolf Schwaiger, Wander Bertoni, Hans Knesl, Alfred Hrdlicka, Hans Staudacher, Linde Waber, Wolfgang Hutter, Rudolf Hausner, Anton Lehmden, and Roland Göschl). But this cannot obscure the fact that such institutional art in architecture was often little more than a belated prettifying of (or on) the façades of boring architecture. The buildings designed by artists like Friedensreich Hundertwasser and Arik Brauer in collaboration with architects were an exception to the rule.

After the misunderstandings of postmodernism with its often mediocre results—particularly poor in Léon Krier's Breitenfurter Straße council housing estate—the municipal company KÖR (Kunst im öffentlichen Raum/Art in Public Space) was founded by the three municipal affairs groups of planning, culture, and housing. KÖR is concerned primarily with artistic interventions in public space, including many new residential estates. Important examples include the monument recalling the Nazi era deportations at the former Aspang railway station by Brigitte Prinzgau and Wolfgang Podgorschek (2016) and the art installation *Fence* by Andreas Reiter Raabe at the Donaufelderstrasse 73 housing estate.

5   Sabine Bitter and Helmut Weber, "Ortsbezug Wien: Rollenverteilungen für die Kunst," in *The Vienna Model 2: Housing for the Twenty-First Century City*, ed. Wolfgang Förster and William Menking (Vienna, 2018), p. 213.

Nachbemerkungen

Final Remarks

Wiens Doppelcharakter spiegelt sich in seiner (Wohn-) Geschichte: Grenze und *Arrival City*[1].

1   Siehe Saunders, Doug: *Die neue Völkerwanderung – Arrival City*, München, 2013.

Die Untersuchung der Wohnverhältnisse auf Wiener Boden über einen Zeitraum von 2000 Jahren fast ununterbrochener Besiedlung lässt zunächst einen klaren Trend erkennen: Immer stärker mischen sich kulturelle und soziale Gruppen.

Zugleich macht jedoch der historische Parcours eines überraschend klar: Wien war oft Grenze, doch war die Grenze nirgends so durchlässig wie hier. Schon am römischen Limes wurde die Grenzbefestigung zum Austauschort zwischen „zivilisierter" und „barbarischer" Welt, war die Donau im Wiener Raum nicht nur Grenzfluss, sondern auch Kreuzungspunkt mit den wichtigsten Handelsstraßen. Im Heiligen Römischen Reich Deutscher Nation spielte Wien neuerlich die Rolle der östlichen Grenzstadt, zog Wien als Residenzstadt aber zugleich Menschen aus dem Osten – bis hin zu Byzanz – an und integrierte deren Erfahrungen. Selbst unmittelbar nach den Türkenkriegen des 16. bis 18. Jahrhunderts blieben diese Verbindungen aufrecht. Als Hauptstadt „Cisleithaniens" (des österreichischen Teils der Habsburgermonarchie) im 19. Jahrhundert schließlich wurde die enorm gewachsene Stadt endgültig zum kulturellen Schmelztiegel. Dies setzte sich sogar während der Spaltung Europas im Kalten Krieg des 20. Jahrhunderts fort, als der Eiserne Vorhang nirgendwo so durchlässig war wie in Ostösterreich. Wieder war Wien östliche Grenzstadt – diesmal des freien Westens – und zugleich Zufluchtsort für Zehntausende aus Osteuropa – Ungarn, Tschechen, Slowaken, Polen, russischen Juden, Bosniern, Serben, Türken und Flüchtenden aus dem Nahen Osten. Wien war, ist und bleibt eine *Arrival City*.

Auch wenn in manchen Köpfen die Grenze eher verankert scheint als die jahrhundertelange Multikulturalität: Wien hat von dieser Doppelfunktion profitiert. In seiner Wohngeschichte zeigt sich, wie eine zunehmend offenere Gesellschaft trotz zeitweiser schrecklicher Rückschläge diese Herausforderung meistern und eine Stadt eine Stadt für alle werden kann. Gleichzeitig zeigt Wien, von 2008 bis 2018 durchgängig als Stadt mit der weltweit höchsten Lebensqualität ausgezeichnet, die Bedeutung eines öffentlichen Wohnbaus für den gesellschaftlichen Zusammenhalt.

Damit kommen wir auch zur Ausgangsfrage zurück: Was erzählen uns die Wohnverhältnisse an einem bestimmten Ort zu einer bestimmten Zeit über diese Gesellschaft? Was sagt es über eine reiche Gesellschaft aus, wenn sie ein Elend wie jenes der „Sklaven vom Wienerberg" (siehe Kapitel VI) duldet? Oder umgekehrt: Wie lässt sich eine Gesellschaft – nämlich die heutige – charakterisieren, die sich dem weltweiten neoliberalen Trend widersetzt

"Vienna's dual character is mirrored in its history of housing: frontier and arrival city."[1]

1   Doug Saunders, *Arrival City: How the Largest Migration in History Is Reshaping Our World* (New York, 2010).

First of all, an investigation of housing conditions on Vienna soil over a period of 2,000 years of almost uninterrupted human settlement shows a clear trend: cultural and social groups have become increasingly mixed.

At the same time, the journey through history makes one aspect surprisingly obvious: Vienna was often a border, but nowhere else was the border as permeable as here. Already at the Roman Limes, the border fortifications became a place of exchange between the "civilized" and the "barbarian" world. The Danube in the Vienna area was not only a border river, but also a crossroads of the most important trade routes. In the Holy Roman Empire of the German Nation, Vienna, as the royal capital, again played the role of an Eastern frontier city, but as the imperial capital it also attracted people from Eastern Europe—and from as far away as Byzantium—who integrated their experiences. Even right after the Ottoman wars of the sixteenth to eighteenth centuries, these connections remained active. Finally, as the capital of "Cisleithania" (the Austrian part of the Hapsburg Monarchy) in the nineteenth century, the enormously growing city became a cultural melting pot. This continued even during the division of Europe during the twentieth-century Cold War. Again, Vienna was a frontier city—this time of the free West—and a place of refuge for tens of thousands from Eastern Europe: Hungarians, Czechs, Slovaks, Poles, Russian Jews, Bosnians, Serbs, Turks, and the refugees from the Near East. Vienna has always been and will remain an arrival city.

Even if, in some people's minds, the frontier seems more firmly anchored than the centuries-old multiculturalism: Vienna has strongly profited from this dual function. Its housing history shows how an increasingly open society—in spite of atrocious backlash—can master these challenges and how a city can become a city for all. At the same time, Vienna, which from 2008 to 2018 was frequently lauded as the city with the highest quality of life worldwide, demonstrates the importance of public housing for social cohesion.

This brings us back to the initial question: What do housing conditions at a certain place and a certain time tell us about society? What does it say about a rich society when it tolerates misery like that of the "Wienerberg Slaves" (see chapter VI)? Or the other way round: How can we characterize a society—namely, the present one—that resists the worldwide neoliberal trend and holds fast to the goal of social coherence and social mixing? Admittedly, the success of the *Baugruppen* movement (see chapter X) suggests that this

und am Ziel eines gesellschaftlichen Zusammenhangs und einer sozialen Durchmischung festhält? Freilich lässt etwa der Erfolg der Baugruppen-bewegung (siehe Kapitel X) vermuten, dass dies in Zukunft nicht mehr auf dem traditionellen paternalistischen Weg möglich sein wird, sondern neue Modelle des solidarischen Wohnens – etwa in Sinne der in den 1970er-Jahren angestrebten „Demokratisierung aller Lebensbereiche"– entwickelt werden müssen.

Vorherige Seite:
22., Donau City, Alte Donau,
Wagramer Straße in Wien.
Foto: Stadt Wien/Christian
Fürthner, 2019
Previous page:
22nd district, Donau City,
Alte Donau, Wagramer Straße
in Vienna. Photo: City of
Vienna/Christian Fürthner, 2019

will no longer be possible in the future along the traditional paternalistic path, but that new models of solidary living—for example, in the sense of the "democratization of all areas of life" striven for in the 1970s—will need to be developed.

Exkurs 5: Sozialer Wohnbau und Europäische Union: Wohnung als „besondere Ware"?

Die Rolle der Europäischen Union im Wohnbau ist zwiespältig. Einerseits hat die EU kein Mandat für Wohnbau und auch keine Kompetenz dafür innerhalb der Kommission. Wohnbau gilt als eine jener Materien, die im Sinne des **Subsidiaritätsprinzips** nationale Angelegenheit bleiben. Andererseits berühren viele Aufgabenbereiche der Kommission indirekt auch den Wohnbau. Dazu zählen etwa Energierichtlinie, Diskriminierungsverbot und Vergaberichtlinie, vor allem aber das Wettbewerbsrecht. Demnach sind öffentliche Subventionen für wirtschaftliche Tätigkeiten untersagt. Ausgenommen davon sind lediglich jene Bereiche, die der **Daseinsvorsorge** („Services of General Economic Interest", **SGEI**) zuzuzählen sind, also Gesundheit, Sozialhilfen, Bildung und öffentlicher Verkehr. Seit dem „Almunia-Paket" (2013) zählt auch *social housing* zu den SGEI, allerdings mit der Einschränkung, dass sozialer Wohnbau nur den Bedürftigsten zugänglich sein darf. In bisher zwei Fällen hat dies zu Verfahren gegen Mitgliedsländer geführt, da Investorengruppen aus diesen Ländern vor dem Europäischen Gerichtshof gegen ihrer Meinung nach wettbewerbsverzerrende Subventionen geklagt hatten. In beiden Fällen verloren die beklagten Länder; Schweden schaffte daraufhin die Wohnbauförderung komplett ab, die Niederlande („Dutch Case") einigten sich mit der Kommission auf eine niedrige Einkommensschwelle, die nun geschätzte 600.000 Mittelklassehaushalte vom geförderten Wohnbau ausschließt und auf den privaten Wohnungsmarkt verweist, den sie sich allerdings kaum leisten können. Eine ähnliche Klage ist nun aus Frankreich eingebracht worden.

Da eine allfällige Klage aus Österreich das Prinzip der sozialen Durchmischung im Wiener Wohnbau ernsthaft gefährden könnte, setzte Wien frühzeitig auf Gegendruck. Ein von Bürgermeister Michael Häupl initiierter und mittlerweile von den Bürgermeistern von 30 europäischen Großstädten unterzeichneter Brief[1] an die Kommission verlangt, die Entscheidung über die Ausgestaltung des sozialen Wohnbaus im Sinne des Subsidiaritätsprinzips den Städten zu überlassen, da diese von den Auswirkungen unmittelbar betroffen sind.

Mittlerweile hat dies auf EU-Ebene zu einem teilweisen Umdenken geführt. In der **Urban Agenda Housing**, 2017 von der EU in Partnerschaft mit

1 Der Textentwurf wurde vom Autor 2010 verfasst.

182

Excursus 5: Social Housing and the European Union: Housing as a "Special Commodity"?

The role of the European Union in housing is ambivalent. On the one hand, the EU does not have a mandate for housing and therefore no such competence within the European Commission. Housing is seen as one of the topics which, due to the **principle of subsidiarity**, remains a national issue. On the other hand, many activities of the Commission concern housing indirectly, including the energy directive, the non-discrimination directive, and the public procurement directive, but above all competition law. This means that public subsidies for economic activities are forbidden, with the exception of "Services of General Economic Interest" (**SGEI**), that is, health, education, and public transport. With the 2003 Altmark Judgment and the Almunia Report in 2013, social housing was added to the SGEI, though restricting access to it to the people most in need. In two cases so far, this has led to proceedings against member states, as investor groups from these countries have brought actions before the European Court of Justice against subsidies which in their opinion distort competition. In both cases, the countries lost. As a consequence, Sweden abolished its housing subsidization, and the Netherlands (the "Dutch Case") compromised with the EU on a low-income limit which now excludes an estimated number of 600,000 middle-class households from subsidized housing, sending them to the private market which they can barely afford. A similar complaint has now been filed against France.

As a potential complaint from Austria would jeopardize the principle of social mixing in Vienna's social housing, Vienna relied on counter-pressure from an early stage. A letter[1] to the Commission initiated by Mayor Michael Häupl, and meanwhile signed by the mayors of thirty big cities in the EU, demands that decisions about the form of social housing systems be left to the cities in the sense of the principle of subsidiarity, as the cities are primarily confronted with the outcome.

This has now led to a partial rethinking at the EU level. In the **Urban Agenda Housing**, jointly presented by the EU and Housing Europe in 2017, the right of regions and cities to determine their own housing policies is explicitly underlined.

The inclusion of housing in the SGEI—that is, outside the general competition rules—reminds of the old discussion of whether housing should be regarded as a **"special commodity."** Since the nineteenth century, and

1   The draft was written by the author in 2010.

Housing Europe vorgestellt, wird ausdrücklich auf die primäre Zuständigkeit der Regionen und Städte Europas in wohnungspolitischen Angelegenheiten verwiesen.

Die Subsumierung des Wohnens unter die SGEI – also außerhalb der allgemeinen Wettbewerbsregeln – erinnert an die alte Diskussion, ob Wohnen als Ware zu betrachten sei oder eine **„besondere Ware"** darstelle. Hier wurden seit dem 19. Jahrhundert und insbesondere auch in der Zeit des Roten Wien folgende Argumente ins Treffen geführt:

1) Wohnkosten stellen einen Teil – vermutlich den größten – der für die „Ware Arbeitskraft" erforderlichen **Reproduktionskosten** dar. Erhöhen sich die Wohnkosten, so steigt auch der Wert der Arbeitskraft, den Unternehmer zu zahlen haben. Niedrigere Wohnkosten kommen somit mittelbar dem produzierenden Gewerbe zugute – eine Umschichtung vom nichtproduktiven Kapital der Hauseigentümer zum produktiven Kapital der Industrie, also eine volkswirtschaftlich wichtige Maßnahme.

2) In der gegenwärtigen Debatte wird hervorgestrichen, dass Wohnen einen Teil der **Daseinsvorsorge** darstellt, also ebenso wie Bildung, Gesundheit und öffentlicher Verkehr nicht zur Gänze den Marktgesetzen unterliegen darf.

3) Schließlich sei der Wohnungsmarkt nie ein „normaler" Markt, da wichtige Charakteristika eines Marktes – völlige Transparenz, Waffengleichheit zwischen Anbieter und Käufer, rasche Möglichkeit des Reagierens auf veränderte Nachfrage – fehlen. Zudem kann es sich gar nicht um einen einheitlichen Markt handeln, da Wohnen in horizontal geschichtete Teilmärkte mit unterschiedlicher Regelungsdichte zerfällt und Marktteilnehmern aus vielfältigen Gründen ein Wechsel von einem Teilmarkt in einen anderen nicht möglich ist.

especially during the time of Red Vienna, the following arguments have been put forward:

1) Housing costs represent one part—presumably the largest one—of the **reproduction costs** necessary for the "commodity of labor power." When housing costs, and hence reproduction costs, rise, then the value of labor which entrepreneurs have to pay also increases. Lower housing costs for workers therefore immediately benefit productive commerce—a shift from the unproductive capital of the landlords to the productive capital of industry, an important action of national economics.

2) In the current debate it is emphasized that housing is a part of **services of general interest**, that is, just as education, health, and public transport must not be entirely subject to market laws.

3) Finally, it is also argued that the housing market is never a "normal" market, since important characteristics of a market—complete transparency, a level playing field between supplier and buyer, and the ability to react quickly to changing demand—are missing. Moreover, it cannot be a uniform market at all, since housing breaks down into horizontally stratified submarkets with different levels of regulation, and market participants are unable to switch from one submarket to another for a variety of reasons.

Entscheidung über EU-Sozialpolitik verschoben, 23. April 2019. Foto: Patrick Seeger/EPA/EFE
The desicion about European social policy was shifted, April 23, 2019. Photo: Patrick Seeger/EPA/EFE

A

Adler, Viktor: „Die Lage der Ziegelarbeiter", in: *Gleichheit*, Wien Vienna 1. Dezember 1888 December 1, 1988, AEAG.

Adler, Viktor: *Allgemeine Bauzeitung*, Wien Vienna 1836–1918.

Avermaete, Tom/**Herold**, Daniela/**Schmidt-Colinet**, Lisa: *Constructing the Commons*, Projekt der project by the Akademie der Bildenden Künste und der and the TU Delft im Rahmen der in the context of the IBA_Wien, Wien Vienna 2018.

B

Bauer, Kurt: *Die dunklen Jahre – Politik und Alltag im nationalsozialistischen Österreich 1938–1945*, Frankfurt 2017.

Bauer, Otto: *Die österreichische Revolution*, Wien Vienna 1923.

Blau, Eve: *The Architecture of Red Vienna 1919–1934*, Cambridge/London 1989.

Bodenschatz, Harald: „Neue bürgerliche städtische Adressen", in: Harlander, Tilmann et al. (Hg. ed.): *Stadtwohnen. Geschichte, Städtebau, Perspektiven*, München Munich 2007, S. pp. 109 ff.

Boockmann, Hartmut: *Die Stadt im späten Mittelalter*, München Munich 1986.

Bouchal, Robert/**Sachslehner**, Johannes: *Angriff auf Wien. Das Kriegsende 1945*, Wien Vienna 2015.

Botz, Gerald: *Nationalsozialismus in Wien*, Wien Vienna 1997.

C

Chaloupek, Günther/**Eigner** Peter/**Wagner**, Michael: *Wien. Wirtschaftsgeschichte 1740–1938*, Wien Vienna 1991.

Cumgrano, Salis: „Arbeiterwohnungen", in: *Das Interieur I*, Wien Vienna 1900, S. pp. 68 ff.

Czeike, Felix: „Wiener Wohnbau vom Vormärz bis 1923", in: *Kommunaler Wohnbau in Wien*, Ausst.-Kat. exhibition catalog, Wien Vienna 1977.

D

Daim, Falko/**Heher**, Dominik: *Byzanz und der Westen. 1.000 vergessene Jahre*, Wien Vienna 2018, S. pp. 66 ff.

Demandt, Alexander: *Die Kelten*, 7. Auflage 7th edition, München Munich 2007.

Dobesch, Gerhard: *Das Keltentum des Donauraums und der Ostalpen in vorrömischer Zeit*, Ausst.-Kat., Venedig Venice 1991.

Dobesch, Gerhard: *Die Kelten in Österreich*, Wien Vienna 1979.

Dvorak, Leopoldine: *Gesellschaft und Wohnbau in Wien*, Diss. phil., Wien Vienna 1975.

E

Ebenezer, Howard: *Gartenstädte von morgen* (neu herausgegeben und kommentiert von re-edited an commented by Julius Posener), Berlin 1968.

Engels, Friedrich: „Zur Wohnungsfrage", in: Karl Marx, Karl/Engels, Friedrich: *Werke*, Berlin 1973.

Exenberger, Herbert/**Koß**, Johann/**Ungar-Klein**, Brigitte: *Kündigungsgrund Nichtarier*, Wien Vienna 1996.

F

Feldbauer, Peter: *Stadtwachstum und Wohnungsnot*, Wien Vienna 1977.

Ferstel, Heinrich von/**Eitelberger**, Rudolf von: *Das bürgerliche Wohnhaus und das Wiener Zinshaus. Ein Vorschlag aus Anlass der Erweiterung der inneren Stadt Wiens*, Wien Vienna 1860.

Fischer, Ludwig: „Die Wohnungsnot in Wien", in: *Der Kampf*, Jg. vol. 12, Nr. no. 7, Wien Vienna 1919.

Förster, Ludwig von: „Der Bau der Wiener Zinshäuser", in: *Allgemeine Bauzeitung*, Bd. vol. 12, Wien Vienna 1847.

Förster, Wolfgang/Novy, Klaus: *Einfach bauen. Genossenschaftliche Selbsthilfe nach der Jahrhundertwende. Zur Rekonstruktion der Wiener Siedlerbewegung*, Wien Vienna 1985.

Förster, Wolfgang (Hg. ed. Wagner: Werk Museum): *Theophil Hansen. Ein Stararchitekt und seine Wohnbauten an der Wiener Ringstraße*, Wien Vienna 2013.

Förster, Wolfgang (Hg. ed. Wagner: Werk Museum): *Wagner-Schule – Rotes Wien. Architektur als soziale Utopie*, Wien Vienna 2010.

Förster, Wolfgang: „Sondermaterie und/oder Alltäglichkeit. Was Wohnbaugestaltung zur Integration beitragen kann", in: Ludl, Herbert (Hg. ed.): *Integration im Wohnbau*, Basel 2017, S. pp. 87 ff.

Förster, Wolfgang/**Menking**, William: *Das Wiener Modell/The Vienna Model*, Berlin 2015.

Förster, Wolfgang/**Menking**, William: *Das Wiener Modell 2*, Berlin 2018.

Förster, Wolfgang/**Menking** William: *The Vienna Model 2*, Berlin 2018.

Freisitzer, Kurt/**Koch**, Robert/**Uhl**, Ottokar: *Mitbestimmung im Wohnbau. Ein Handbuch*, Wien Vienna 1987.

G

Gemeinnützige Wohnungsaktiengesellschaft Wohnpark Alt-Erlaa: *40 Jahre Alt-Erlaa. Die Geschichte eines Vorzeigeprojektes*, Wien Vienna 2016.

H

Hagendorfer, Johann: *Die soziale Lage der Wiener Arbeiter um die Jahrhundertwende 1889–1907*, Diss. phil., Wien Vienna 1966.

Haiko, Peter: „Wiener Arbeiterwohnhäuser 1848–1934", in: *Kritische Berichte 5/515*, Gießen 1977.

Hall, Peter: „The City of Theory", in: LeGates, Richard/Stout, Frederic (Hg. eds.): *The City Reader*, London 1996, S. pp. 382 f.

Harl, Ortolf: *Vindobona. Das römische Wien*, Wien Vienna 1979.

Hautmann, Hans/**Hautmann**, Rudolf: *Die Wohnhausbauten der Gemeinde Wien 1919–1934*, Wien Vienna 1980.

Heher, Dominik: „Seide, Gold und Kaisertöchter", in: Daim, Falko/Heher, Dominik: *Byzanz und der Westen. 1.000 vergessene Jahre*, Wien Vienna 2018, S. pp. 66 ff.

Holzschuh, Ingrid: *Wiener Stadtplanung im Nationalsozialismus von 1938 bis 1942*, Wien Vienna 2011.

Höhle, Eva-Maria: *Die Neidhart-Fresken* (Hg. ed. Wien Museum), Wien Vienna 1979, S. pp. 17 ff.

Hösl, Wolfgang: *Die Anfänge der gemeinnützigen und genossenschaftlichen Bautätigkeit*, Diss. phil., Wien Vienna 1979.

I/J

John, Michael: *Wohnverhältnisse städtischer Unterschichten im Franzisko-josephinischen Wien*, Diss. phil, Wien Vienna 1980.

K

Kalchhauser, Wolfgang: *Geheimnisvoller Wienerwald. Auf den Spuren ur- und frühgeschichtlicher Menschen*, Wien Vienna 1998.

Kalchhauser, Wolfgang: *Die Kelten in Österreich nach den ältesten Berichten aus der Antike*, Ausst.-Kat. exhibition catalog, Hallein 1980.

Klein, Naomi: *This Changes Everything. Capitalism versus the Climate*, Montreal 2014.

Kohlbauer-Fritz, Gabriele (Hg. ed.): *Ringstraße. Ein jüdischer Boulevard*, Wien Vienna 2015.

KÖR. Kunst im öffentlichen Raum GmbH (Hg. ed.): *Kunst im öffentlichen Raum 2007–2010*, Wien Vienna 2010.

KÖR. Kunst im öffentlichen Raum GmbH (Hg. ed.): *Kunst im öffentlichen Raum 2010–2013*, Wien Vienna 2013.

Kristan, Markus: *Villenkolonie Hohe Warte*, Wien Vienna 2004.

Kronberger, Michaela: *Vindobona. Das römische Wien* (Hg. ed. Wien Museum), Wien Vienna 2014.

Kronberger, Michaela: *Virgilkapelle* (Hg. ed. Wien Museum), Wien Vienna 2017.

L

LeGates, Richard T./**Stout**, Frederic: *The City Reader*, London 1996.

Lefebvre, Henri: *Le droit à la ville*, Paris 1968.

Leichter, Otto: *Glanz und Elend der Ersten Republik. Wie es zum österreichischen Bürgerkrieg kam*, Wien Vienna 1964.

Lohrmann, Klaus: *Judenrecht und Judenpolitik im mittelalterlichen Österreich*, Wien Vienna 1990.

Loos, Adolf: *Patentschrift „Haus mit einer Mauer"*, Patentregister Nr. no. 87.460, Wien Vienna 2. Dezember 1921 December 2, 1921.

Ludl, Herbert (Hg. ed.): *Integration im Wohnbau*, Basel 2017.

M

Magistrat der Stadt Wien (Hg. ed.): *Das neue Wien. Städtewerk*, Wien Vienna 1930.

Magistrat der Stadt Wien (Hg. ed.): *Wohnungs- und Siedlungswesen*, Wien Vienna 1937.

Mattl, Siegfried: *Wien. Das 20.Jahrhundert*, Wien Vienna 2000.

Matuszak-Groß, Stephanie: *Die bildhauerische Ausgestaltung der Wiener Gemeindebauten in der Zeit der 1. Republik*, Diss. phil., Göttingen 1999.

Metzger, Rainer: *Die Stadt. Vom antiken Athen bis zu den Megacitys. Eine Weltgeschichte in Geschichten*, Wien Vienna 2015.

N

Neumann, Alfred: *Vindobona. Die römische Vergangenheit Wiens*, Wien Vienna 1972.

Nierhaus, Andreas/**Orosz**, Eva-Maria (Hg. eds.): *Otto Wagner*, Wien Vienna 2018.

Nierhaus, Andreas: *Werkbundsiedlung*, Wien Vienna 2012.

Nierhaus, Andreas (Hg. ed.): *Der Ring. Pionierjahre einer Prachtstraße*, Wien Vienna 2015.

Niethammer, Lutz (Hg. ed.): *Wohnen im Wandel*, Wien Vienna 1979.

Noever, Peter (Hg. ed.): *Margarete Schütte-Lihotzky. Soziale Architektur. Zeitzeugin eines Jahrhunderts*, Wien Vienna 1993.

O

Ottilinger, Eva: *Wohnen zwischen den Kriegen* (Hg. ed. Museen des Mobiliendepots), Wien/Köln/Weimar Vienna/Cologne/Weimar 2009.

Ottomeyer, Hans/Schröder, Klaus Albrecht/Winters, Laurie: *Biedermeier. Die Erfindung der Einfachheit*, Ausst.-Kat. exhibition catalog, Milwaukee/Berlin/Wien Vienna 2007.

P

Patzer, Franz: *Der Wiener Gemeinderat von 1890–1952. Eine parteisoziologische Untersuchung*, Wien Vienna 1952.

Pirhofer, Gottfried: *Wiener Arbeiterquartiere. Geschichtlichkeit, „Milieu" und soziale Planung*, unveröffentlichtes Manuskript unpublished manuscript, Aachen 1977.

Pohanka, Reinhard: *Das römische Wien*, Wien Vienna 1997.

Pohanka, Reinhard: *Stadt unter dem Hakenkreuz. Wien 1938–1945*, Wien Vienna 1996.

Polityczna European Cultural Foundation: *Build the City. Perspectives on Commons and Culture*, Warschau Warsaw 2015.

Posch, Wilfried: *Die Wiener Gartenstadtbewegung*, Wien Vienna 1981.

Q/R

Reisberger, Mara: „Wohnen im Gesamtkunstwerk. Theophil Hansens Zinspalais", in: ZV der ArchitektInnen Österreichs (Hg. ed.): *Lebens- und Arbeitsräume bei Theophil Hansen*, nicht publiziert unpublished, Wien Vienna 2011, S. pp. 21 ff.

Reppé, Susanne: *Der Karl-Marx-Hof*, Wien Vienna 1993.

S

Sachslehner, Johannes: *Wien. Geschichte einer Stadt*, Wien Vienna 2006.

Sassen, Saskia: „A New Geography of Centers and Margins", in: LeGates Richard T./Stout, Frederic: *The City Reader*, London 1996.

Semelmayer, Robert: „Die Finanzierung der Wiener Ringstraße", in: *Wiener Geschichtsblätter*, Bd. vol. 13, Wien Vienna 1958.

Schorske, Carl E.: *Wien. Geist und Gesellschaft im Fin de Siècle*, München Munich 1994.

Schwarz, Werner Michael/**Spitaler**, Georg/Wikidal, Elke (Hg. eds.): *Rotes Wien*, Wien Vienna 2019.

Schwarzenbach Keltenmuseum (Hg. ed.): *Informationen zum Keltendorf Schwarzenbach in der Buckligen Welt*, Schwarzenbach 2018.

Steiner, Maximilian: *Der Verein für Arbeiterhäuser in Wien. Ein Beitrag zur Wohnungsfrage*, Wien Vienna 1896.

Schweizer, Renate: *Der staatlich geförderte, der kommunale und der gemeinnützige Wohnungs- und Siedlungsbau in Österreich bis 1945*, Diss. techn., Wien Vienna 1972.

Settis, Salvatore: *If Venice Dies*, London 2016.

Siedlungsunion (Hg. ed.): *50 Jahre gemeinnützige Wohnungs- und Siedlungsgenossenschaft Siedlungsunion*, Wien Vienna 1977.

T

Tafuri, Manfredo: *Vienna rossa: la politica residenziale nella Vienna socialista*, Neuauflage new edition, Mailand Milan 1995.

Tönnies, Ferdinand: *Gemeinschaft und Gesellschaft*, Berlin 1887.

U

Uhlig, Günther: *Das Einküchenhaus*, Gießen 1981.

V

Vrääth, Öhner: „Austromarxismus. Die Ideologie der Einheit der österreichischen Arbeiterbewegung", in: Schwarz, Werner Michael/Spitaler, Georg/Wikidal, Elke (Hg. eds.): *Rotes Wien*, Wien Vienna 2019.

W

Wagner, Otto: *Die Baukunst unserer Zeit*, 4. Auflage 4th edition, Wien Vienna 1914.

Wagner-Rieger, Renate: *Wiens Architektur im 19. Jahrhundert*, Wien Vienna 1970.

Wagner-Rieger, Renate/**Reissberger**, Mara: „Theophil von Hansen", in: *Die Wiener Ringstraße, Band VIII*, Wiesbaden 1980.

Wien Museum (Hg. ed.) *Die Neidhart-Fresken*, Wien Vienna 1979.

Wien Museum (Hg ed.): *Die Tribunenhäuser von Vindobona*, Wien Vienna 2014.

Wiener Wohnen (Hg. ed.): *Lobmeyrhof, Totalsanierung*, unveröffentlichtes Manuskript unpublished manuscript, Wien Vienna 2010.

Wiener Zeitung vom 25. Dezember 1857 from December 25, 1857: „Handschreiben von Kaiser Franz Josef an Innenminister von Bach zur Vereinigung Wiens mit seinen Vorstädten".

Winter, Max: *Expeditionen ins dunkelste Wien*, Neuauflage new edition, Wien Vienna 2006.

Witt-Dörring, Christian: „Einrichtungsvorschläge und Mustermöbel für Arbeiter- und Kleinbeamtenwohnung", in: *Alte und moderne Kunst*, Wien Vienna 1981, S. pp. 24 ff.

Witt-Dörring, Christian: „Wiener Wohnraumgestaltung 1918–1938", in: Österreichisches Museum für angewandte Kunst (Hg. ed.): *Neues Wohnen. Wiener Innenraumgestaltung 1918–1938*, Wien Vienna 1980, S. pp. 27 ff.

Wohnservice Wien (Hg. ed.): *next stop: Aspern. Die Seestadt Wiens*, Reiseführer travel guide, Wien Vienna 2015.

Wulz, Fritz: *Stadt in Veränderung. Eine architekturpolitische Studie von Wien in den Jahren 1848–1934*, Stockholm 1976.

X/Y/Z

Zacharias, Thomas: *Joseph Emanuel Fischer von Erlach*, Wien/München Vienna/Munich o. J. n.d.

Zentralstelle für Wohnungsreform: *Mitteilungen der Zentralstelle*, Jg. 1–3 vols. 1–3, Wien Vienna 1907–1909.

As most of the references used were published in German, no translation of the title is given here.

In der Publikation „2000 Jahre Wohnen in Wien" wird aus Gründen der besseren Lesbarkeit das generische Maskulinum verwendet. Weibliche und anderweitige Geschlechteridentitäten werden dabei ausdrücklich mitgemeint, soweit es für die Aussage erforderlich ist.

Herausgeber
Editor
Wolfgang Förster

Gesamtproduktion, Design und Satz
Overall production, design, and typesetting
MVD Austria
Martin Embacher
Michael Rieper
Christine Schmauszer

Bildrecherche
Image research
Matthäus Maier
Christian Daschek

Lektorat englisch/deutsch
Copyediting English/German
Otmar Lichtenwörther

Druck
Printing
Walla GmbH, Wien Vienna

Bindung
Binding
Papyrus GesmbH. & Co KG, Wien Vienna

Umschlagfoto
Cover photo
Die aus dem Mittelalter stammende
Griechengasse im 1. Bezirk (das Bild wurde
entzerrt und gespiegelt). The medieval
Griechengasse in the 1st district (the image
has been equalized and mirrored).
Foto Photo: MVD Austria, Elena Landschützer,
Jakob Winkler, 2020

Library of Congress Cataloging
In-Publication data

A CIP catalog record for this book has been
applied for at the Library of Congress.

Bibliographic information published by the
Deutsche Nationalbibliothek. The Deutsche
Nationalbibliothek lists this publication in
the Deutsche Nationalbibliografie; detailed
bibliographic data are available on the Internet
at http://dnb.d-nb.de

jovis Verlag GmbH
Lützowstraße 33, 10785 Berlin
www.jovis.de

jovis books are available worldwide in select
bookstores. Please contact your nearest
bookseller or visit www.jovis.de for information
concerning your local distribution.

2. Auflage (Dez. 2020) 2nd edition (Dec. 2020)
© 2020 by jovis Verlag GmbH

ISBN 978-3-86859-661-8

Als Autor danke ich allen Personen, die zum Zustandekommen dieses Buches beigetragen haben, insbesondere Michael Rieper (MVD Austria) für die Gesamtkoordination, Christine Schmauszer und Martin Embacher (MVD Austria) für die grafische Gestaltung, sowie für weitere Unterstützung Josef Ostermayer (Sozialbau AG), Michael Gehbauer (WBV-GPA), Michal Pech (ÖSW), Ewald Kirschner (Gesiba), Gregor Pruscher (Wohnfonds Wien), Peter Neundlinger (ehem. Wohnservice Wien), Doris Kleilein (Jovis Verlag) und nicht zuletzt meinem Lebensgefährten Werner Taibon für seine Unterstützung und Geduld.

As the author of this volume, I extend my thanks to everyone who has contributed to the production of this book, especially to Michael Rieper (MVD Austria) for the overall coordination and to Christine Schmauszer and Martin Embacher (MVD Austria) for the graphic design. For the additional support, I am grateful to Josef Ostermayer (Sozialbau AG), Michael Gehbauer (WBV-GPA), Michal Pech (ÖSW), Ewald Kirschner (Gesiba), Gregor Pruscher (Wohnfonds Wien), Peter Neundlinger (formerly Wohnservice Wien), Doris Kleilein (Jovis Verlag), and, not least, to my spouse Werner Taibon for his encouragement and patience.

Wolfgang Förster, geboren 1953 in Wien; studierte Architektur in Wien und Graz sowie post-graduate Politikwissenschaften in Wien. Förster arbeitete als Architekt in privaten Büros sowie als Mitarbeiter der Stadt Wien. Gründer und wissenschaftlicher Leiter von Push-Consulting (Partners for Urbanism and Sustainable Housing), Wien.

Wolfgang Förster, born in Vienna, Austria, in 1953, studied architecture in Vienna and Graz before pursuing postgraduate studies in the political sciences. Förster worked as an architect in private firms and in the Vienna city administration. He is the founder and scientific head of Push-Consulting (Partners for Urbanism and Sustainable Housing), Vienna.

Publikationen (Auswahl)
Publications (Selection)

(mit with Klaus Novy):
*Einfach bauen. Genossenschaftliche Selbsthilfe nach der Jahrhundertwende.
Zur Rekonstruktion der Wiener Siedlerbewegung,*
Wien Vienna 1985.

(mit with Tobias Natter, Ines Rieder):
*Der andere Blick.
Lesbischwules Leben in Österreich,*
Wien Vienna (Eigenverlag) 2001.

*Sozialer Wohnungsbau – innovative Architektur
Social Housing — innovative Architecture
Harry Seidler. Wohnpark Neue Donau Wien
Neue Donau Housing Estate Vienna,*
München Munich (Prestel) 2002.

*Wohnen im 20. und 21. Jahrhundert
Housing in the 20th and 21st Centuries,*
München Munich (Prestel) 2006.

(mit with Susanne Peutl):
*Poseidon. Eine europäische Reise.
Poseidon. A European Voyage.*
Forschungsbericht zu EU-Projekt POSEIDON: Partnership on Socio-Economic and Integrated Development of Deprived Neighbourhoods
Research Report on: Partnership on Socio-Economic and Integrated Development of Deprived Neighbourhoods,
Wien Vienna (Picus) 2008.

*Theophil Hansen: Ein Stararchitekt und seine Wohnbauten an der Wiener Ringstraße
A Star Architect and His Tenement Palaces on the Viennese Ringstrasse.*
Wien Vienna: Wagner: Werk Museum, 2013.

*Wagner-Schule, Rotes Wien:
Architektur als soziale Utopie
Wagner Students, Red Vienna:
Architecture as Social Utopia.*
Wien Vienna: Wagner: Werk Museum, 2010.

(mit with William Menking):
The Vienna Model: Housing for the Twenty-First Century City.
Berlin (Jovis) 2015.

*Die Zerstörung des Puppenhauses:
Autobiographische Erzählung.
The Destruction of the Doll House:
Autobiographical Novel.*
München Munich (Vindobona) 2016.

(mit with William Menking):
The Vienna Model 2: Housing for the Twenty-First Century City,
Berlin (Jovis) 2018.